El Umbral de lo Posible (LGBT)

Clareta Picazo

Contenido

CAPÍTULO 1

A - callie amor!!!!!C- voyyy, ya bajamos!

De repente siento varios pasos bajando las escaleras y unas risitas

A- Allegra, mateo, Matías y Calliope, cuando pensaban bajar?C- como sabes que estabamos los 4 abajo?A- porque sos mi novia y los conozco... Además tienen que aprender a no reírse tan fuerte, ahora saludenme señoritos y señoritas

Sin mas la primera en correr hacia mi fue Allegra abrazándome y dandome un beso, luego los mellis se abrazaron a cada una de mis piernas

A- como durmieron?- super bien!!- dijeron los 3C- ahora me toca saludar a mí- dijo con una mirada que se que no es nada cariñosa sino provocativa

A- niños, vayan a la sala mientras mami y yo terminamos de hacer el desayuno si?M- okey zona!!

Los 3 salieron y fue cuestión de segundos para que callie me agarrara de la cintura y me besara poniendome contra la mesada

A- para, cariño espera, me vas a ensuciar de masa de hotcakesC- no importa, nos bañaremos- dijo aun besándomeA- si pero se hace tarde asi que ve con los niños mientras yo termino estoC- mmm creo que tendrás que hacerlo devuelta- hizo una mueca mirando a la cocina

Me di vuelta y Vi mi intento de desayuno quemado

A- Calliope Iphigenia Torres!!!!

C- yo.. voy con los niños, te amo- dijo corriendo hacia la salaA- dios- apagué la cocina y suspiré con mis ojos cerrados- tocará tostadas- dije tratando de dar una so nrisa..- después de todo valió la pena se quemaran- dije llevado el sartén caliente al agua

Al- mmm que rico!A- mañana hago los hotcakes cielo, lo prometoM- porque no los hiciste hoy zona?A- los estaba haciendo pero se quemaron- dije dandole una mirada de muerte a callieC- mañana comerán los mejores hotcakes

Los niños siguieron comiendo mientras callie al lado de mi en la mesa puso su mano en mi pierna y se acercó a mi oído

C- no estés enojada, sabes que te amo no?A- mmm no no sé

Me miró indignada

C- niños que siento yo por Ari?Al- amorM- tu amas a zona mami

Me miró nuevamente

C- y tu no lo sabes?A- bueno ahora si lo séC- mmm ajá- sin mas se acercó y me beso cariñosamente hasta que una tostada estrelló en nuestras carasAl- sin demuestras de amor!M- diuuu

Reímos fuertemente debido a sus caras de asco, reímos reímos y reímos......

- Ari... Ari... Ari!!!!

Me desperté viendo a April a mi lado moviendome

A- que.. que pasó?Ap- te estabas riendo como una loca!A- ah.. emm.. estaba soñando- dije sentandome en la camaAp- y de que te reías en sueños?A- me olvidé- mentíAp- aja y yo soy lesbiana.. cuenta!

Di vuelta mis ojos y la miré

A- estaba con callie y sus hijos, y estábamos en un lindo momento de familiaAp- oh...Mis ojos se llenaron de lágrimasAp- Ari..A- pero bueno- dije tratando de no parecer afectada- fue un sueño insignificante, yo estoy saliendo con Eliza y soy felíz, no?Ap- porque me pre- guntas eso a mí? Eso tienes que saberlo tu no?A-...Ap- o tratas de autoconvencerte?A- ay ya April!Ap- no hice nada!!A- pero haces mi cabeza dar mas vueltas!Ap- y si hablas con callie? En un mes no han cruzado palabra Ari.. quizás hablando ya no te sientas.. asíA- asi?Ap- Ari, ya no eres tú, se te vé incómoda si estas con ella, sueñas con callie, no es medio obvio?A- y bueno April, no es- peres que olvide a callie de la noche a la mañanaAp- entonces debes sanar sola y no con otra persona, eso seria.. como usar a Eliza y aunque no me cae bien no se lo merece- dijo haciendo una mueca.

Este último mes callie ha intentado hablar conmigo pero no le he dado oportunidad, quiero superarla, olvidarla, pero cada vez se me hace mas imposible... Estoy saliendo con Eliza, quien es muy cariñosa, pero reconozco que si ha tenido malas actitudes con otros, como April, y otros residentes... Se cree superior y los trata mal... De eso tendré que hablar con ella hoy..

A- bueno, hablaré con ella sobre sus malas actitudesAp- y callie? Hablaras con ella?A- el tema de callie se terminó- dije levantándome y yendo al bañoAp- sabes que no puedes escapar de tu propio corazón y sentimientosA- mis sentimientos los guardo en una caja con candado y ya, no quiero hablar de esto

No sentí mas su voz y supe se habia ido del cuarto, seguro a la sala. Me bañé rápidamente y luego me arreglé para ir a la sala donde April me esperaba con un café y tostadas

Ap- un rico desayuno, que mejor amiga puedes pedir?

Quedé mirando la mesa con la comida

Ap- que.. que pasa?

Un nudo en mi garganta se formo sin dejar pasar mis palabras, a mi cabeza revivió ese sueño que tuve, estaba todo exactamente como en lo que habia soñado... Pero fue eso, un sueño.

A- nada ... Comamos- dije como pude

Nos sentamos a desayunar tranquilas mientras April hablaba emocionada de las cirugías que había hecho esta semana, pero de mi mente no salia mi morena, como estará todo en su casa? Los niños? Los niños son lo que mas me importa, no me fío del animal que tienen como padre....

Pov callie

C- ya owen! Déjame en paz de una maldita vez!O- a mi no me hables así! Luego que me engañas todavia tienes la cara para hablarme de esa forma- dijo agarrandome del brazoC- mira, los niños estan abajo y nos pueden escuchar, no te basto con que Allegra vea lo de aquella noche y le hayas pegado a tu PROPIA HIJA!

Sentí una cachetada

O- ya quedamos en que de eso no se habla, eso no paso! Asi que ya cállate y arréglate que estás espantosa, yo bajo con mis hijos

Sin mas se fué de ahi y yo quede con mi mano en mi mejilla, me encerré en el baño y me deje deslizar por la puerta

C- ya no aguanto mas.. ya no...ya no- dije entre lágrimas y con mis rodillas en el pecho.

Este último mes owen ha estado peor, antes mínimo me dejaba tranquila, ahora que me volví a hablar con mark piensa que le soy infiel todos los dias y los golpes ahora es algo frecuente.

Tengo ganas de huir, de no verle ni la sombra, de pensar que esto es un sueño o mejor dicho una pesadilla, que el nunca apareció, que nunca existió y solo ser feliz... Quiero a Ari, quiero a mi Ari, la necesito mas que nunca, cada vez que he intentado hablar con ella es porque estoy en medio de una crisis y lo unico que necesito es un abrazo de ella, pero ella se niega a hablarme, he notado que A veces no me quiere ni mirar.. y eso me duele tanto tanto.. tanto, a veces su indiferencia duelen mas que los golpe.porque es tan cruel el amor...Solo la quiero a ella, tengo ganas de amarrarla en un abrazo infinito,que ganas de acercarme a ella y fundirla en un beso que nos dure para siempre, mirarla a los ojos y decirle "te amo, como nunca ame a nadie mas" y estoy segura que la amaré en esta y en otras vidas, incluso en otras muertes.. porque se que tanto en esta como en las otras si veo sus ojos me perderé como lo hago siempre.

Me levanté y me miré al espejo, lavé mi cara con agua fría y agarré al que es mi fiel amigo últimamente: el maquillaje.

Me puse base para tapar el rojizo que dejo Owen en mi cachete y luego de estar lista salí, baje las escaleras y llegando a la sala puse una sonrisa de "no pasó nada" y abracé a mis niños. A owen ni lo miré, solo desayuné con los niños mientras hablaba con ellos entre risas, Allegra me contó que le está yendo de maravilla en la escuela y sus nuevos amiguitos, los mellis van de maravilla en el kinder y escucharlos hablar a los 3, escucharlos reír me purifica el alma... El amor de mis hijos sana cada dia un poco mi corazón tan roto.

Mellis-mami, extrañamos a zonaAl- siii... Cuando la vamos a ver?O- nunca, si ella no quiso verlos en este último tiempo es porque no le interesa estar con ustedesC- owen!- lo miré con enojo y luego miré de nuevo a los niños quienes ya tenían los ojos tristes y llenos de lagrimasAl- es cierto eso? Zona no nos quiere?O- claro que no, de lo contrario ya la hubiera visto cariñoC- nos vamos!- dije levantándome- ya es hora de ir a la escuela y ustedes príncipes al kinder, agarren sus cosas

Agarraron sus mochilas y salieron yendo al coche, me acerqué a owen quien estaba terminando su café

C- agarratelas conmigo, pero con los niños no, ellos no tienen la culpa de nada y acabas de arruinarles su mañanaO- yo solo dije la verdad, esa rubia tan linda tendría que estar viéndolos si les interesaraC- rubia tan linda? Enserio?O- pues para ti es linda no? De lo contrario no me hubieras engañado con ellaC- ya basta, me estoy hartandoO- oh y que piensas hacer cariño? Denunciarme? Sabes lo que puede pasar si abres la boca

Sin mas me salí de allí y fui hacia el carro, antes de salir me di vuelta y lo mire

C- vete en taxi, a pie o arrastrándote, el coche de ahora en más lo usaré yo con los niñosO- buena jornada mi vida, te veo luego- me tiró un beso y salí de allí hecha furia.Esto se está haciendo insoportable.

Llegué al auto y subí, los niños estaban sentados ya atrás, los mire por el espejo y los vi tristes

C- no les hagan caso a su padre, esta muy estresado y dice cosas sin sentidoAl- tiene razón, si zona nos quisiera nos hubiera visitado- dijo de brazos cruzadosC- no.. no princesa, no digas eso.. ella no los ha visitado porque tiene mucho trabajo.. miren, ella es médica pediatra, saben que significa eso?

Negaron con la cabeza

C- significa que ella cura a los niños que estan enfermosMateo- asi cuando tengo fiebre?

Reí

C- si mi amor, asi... Y al dia llegan muchos muchos niños enfermos y zona tiene que curarlos... Ustedes quieren que Los niños no sanen para que zona vaya a verlos a ustedes que están sanos?- no mami- dijeron al unisonoC- bien.. ahora entienden la razón?Al- si pero.. me gustaría verla ..C- algun día la verán.. se los prometoAl- emm mamiC- si?Al- recordé que la maestra quiere que llevemos algo para compartir en una merienda compartidaC- claro, cuando?Al- hoyC- HOY???Al- si...C- Allegra Hunt Torres, cuando pensabas decírmelo???Al- no te enojes mami...

Suspiré y paré el carro

C- bien, bajemos, aquí hay un super, compraremos unas galletitas y algun jugo

Bajamos los 4 y nos dirigimos al supermercado que habia en la esquina, una vez estábamos en una góndola Allegra salió corriendo

C- Allegra!!!

Pov Ari

Ap- vamos en tu coche o en el mio?A- ve en el tuyo, yo tengo que comprar unas cosas en el super antes de ir al hospitalAp- ah hoy entras mas tarde?A- sip, gracias por el desayuno Ap- no hay de que, te quieroooA- yo igualll!!!

Se fué mordiendo una tostada y yo lavé las tazas, luego fui al baño a lavarme los dientes, una vez lista agarré las llaves de mi carro, mi bolso y fui hasta el mismo comenzando a manejar hasta el super más cercano. Una vez llegué fuí hasta unas góndolas donde habian latas de diferentes atúnes, quede de espaldas mirando los precios para ver cual decidía hasta que una vocecita me hizo darme vuelta

Al- zonaaaa!!!- la pequeña vino corriendo a abrazarmeA- hola princesa!!!!C- Allegra!!!Al- ay no- dijo haciendo una muecaA- tu mami esta enojadaAl- corrí sin permisoA- ya entiendo- la agarré de los hombros poniendola delante de mí.

Ví llegar a mi morena y sus pasos fueron como en un película, como en cámara lenta, su pelo negro flameaba mientras sus ojos oscuros miraban a la pequeña, sus pasos firmes

y sus dos pequeños rubios a cada lado de ella hasta que ambos salieron corriendo y cada uno abrazo cada una de mis piernas

M- zona!!! Te extrañamosA- eyyy, pequeños... Yo a ust- edesC- que les dije de andar corriendo! E irse sin mi per- miso!- perdon...- dijeron los 3 cabizbajaA- nos los retes callie... Estan bienC- no es asi igual, tienen que hacer casoA- ellos siempre son obedientes, no los regañes

Ella quedó seria, me arrodillé quedando a la altura de los niños e hice puchero mirando a callie haciendo que los niños hicieran lo mismo que yo

Al- perdonanos mamiiiiiM- porfa porfaA- si callie, perdonalos- puse carita de perro mojado y una sonrisa apareció en su rostroC- ya arriba compradores

Nos levantamos y me abrazaron

- gracias- me susurraron, les guiñe un ojo

C- Allegra, te compre estas galletitas y jugos, ya vamos niños, Arizona.. un gusto verteA- igual callie...Al- nooo.. zona quiero ir contigo, me puedes llevar a la escuela?A- yo...C- no, seguro tiene cosas que hacer, no seas inoportuna cariño, los llevo yo como siempreAl- pero..A- calliope no te preocupes, yo la puedo llevar, tengo tiempo antes de llegar al hospital

Vi como suspiró y me miro

C- esta bienAl- yeiiiC- yo ire en mi coche adelante con los mellis y tu me sigues, asi te guío hasta el colegioA- bien

Fuimos hasta la caja y cada una pago lo que compro

A- vamos cariño, mi auto esta a una cuadra de aquí, callie te sigo

Ella asintió y se fue con los pequeños a su auto, Allegra y yo caminamos ya que el coche estaba mas lejos

Al- enserio nos extrañaste?- preguntó de repenteA- claro princesaAl- tu.. enserio no nos quieres mas a mis hermanos y a mi?- dijo con los ojos llorosos

Detuve mi paso

A- mi vida porque dices eso?Al- porque si nos hubieras extrañado nos hubieras ido a visitar, y ya se que tienes niños que cuidar pero un dia no estuviera mal...A- mi vida no llores, yo los quiero muchísimo a tus hermanos y a tí si? Que no te metan esas ideas a la cabeza.. un dia de estos yo los sacaré a tomar un helado e ir por el parque si?Al- cuando?A- este finde semana, tenlo por seguro que iremos, del permiso me encargo yo

Ella me sonrió y llegamos a mi auto, es increíble como calliope haya llegado al punto de hablarles mal a sus hijos de mi, esto es es límite.

Esperé a que callie se adelantara y comencé a seguirla hasta llegar al cole mientras Allegra me hablaba de temas aleatorios.

A- bien, bajemos pequeña

Bajamos y callie hizo lo mismo asi llegando las 3 a la entrada del cole, salió una maestra

- hola Allegra! Pasa cariño- ella nos saludo con un beso a ambas y entró junto a sus amigas- calliope hola.. hola...A- Arizona- estreché su mano- Arizona.. la pareja de callie?C- amm . Yo...A- no- dije seca- compañera, mi vinculo es mas con la niña- dije sonriendo- entiendo, un gusto, ahora debo entrar con los niños

Asentimos y nos dimos vuelta

C- gracias por traerlaA- te sigoC- que?A- hasta el kinder, es injusto que lleve al cole a Allegra y a los mellis no.C- oh .. Esta bien

Sin mas subio cada una a su coche y comenzó a manejar hasta llegar al kinder, alli bajamos y despedí a los mellis, una vez todo listo me dirigía a mi auto cuando siento callie me toma del brazo

C- que te ocurre ArizonaA- porque hablas mal de mi? La verdad que no entiendo cual fue el mal que te hice, es mas.. lo único que quería era apoyarte y ayudarte y no te bastó alejarme y romperme el corazón sino que ahora le hablas mal de mi a tus hijos?

C- arizona.. no yo noA- que bajo calliope eh.. que bajo, pero sabes que? Este findesemana los llevaré por un helado y el parque y como eres la madre tengo que preguntarteC- si, si puedes.. pero Arizona yo no dije nada malo de ti a los niños- sus ojos estan aguados

A- gracias, y no.. ya... Ya no me des explicaciones, no las necesitoC- pero necesito hablar contigo AriA- ahora quieres hablar???? Luego de que me alejas, de que me desprecias, de que desprecias mi cariño.. mi amor.. no calliope, sabes que.. si debí alejarme, pero debi ale-jarme desde aquella noche que me dejaste en el baño de aquel bar sola. Desde ahi debi dejarte ir y no afer-rarme a un amor falso como el que me ofrecisteC- ari... Porfavor no digas eso..A- si lo digo porque es verdad! Odio amarte tanto, te amo tanto como te detesto en estos momentos, detesto no poder superarte rápido.. pero tenlo por seguro que lo haré calliope.- dije sin mas para subir a mi auto dando un portazo y empecé mi rumbo al hospital sintiendo mi corazón latir a mil por hora

Pov callie

Ahora fue ella la que me dejo parada con el corazón en las manos, ella cree que fuí yo quien le dijo a los niños la mierda de que Arizona no los quiere, se cegó y no me dejó hablar... Solo se aferró a su propia versión y.. la perdí, la perdí del todo.. "te amo tanto como te detesto" de que me sirve que me ame si su amor esta mezclado con odio.. ella me detesta, y eso me lastimó el corazón, es una herida que estoy segura no va a cerrar.

Sin mas limpié mis lágrimas y subí a mi auto comenzando a manejar, ahora si me siento sola.. vacía, destruída, mi corazón ahora es una máquina... Mi cuerpo es una máquina, no me siento yo.. ya no soy yo.

* En el hospital*

M- Torres!C- mark...M- ey, que ocurre?C- se pudrió todo con ArizonaM- más aún?- lo miré con los ojos llorosos- perdón.. que ocurrió?Miré a mis alrededoresM- vamos a un cuarto y me cuentas

Asentí y me llevó a un cuarto de descanso donde le conté todo lo ocurrido, el malentendido y las palabras de Arizona hacia mi

M- esto es.. jodido callie, no te voy a mentirC- lo se... Ya no se que hacerM- y ademas en tu casa las peleas con ese idiota no paranC- no. No paran- dije bajo, claro no sabe sobre los golpes, solo le dije que peleamos diario y ya.M- pero sabes que me tienes a mi como tu amigo si? C- lo se.. gracias sloan

Me abrazó y luego salimos de allí, mark se dirigió a quirófano y yo me di vuelta viendo a Owen quien al vernos salir juntos se acercó a mi, "oh no"

O- que hacian?C- nada O- y yo soy tonto, entra

Me hizo entrar a la fuerza nuevamente al cuarto y cerro con cerrojo

O- me vas a seguir viendo la cara de idiota????

C- owen no hicimos nada, solo hablamos

Me golpeó

O- y me quieres seguir mintiendo? En la cara????C- pero no hicimos nada!

Otro golpe

O- me tienes hartoC- entonces pidamos el divorcio owen, porfavor!O- no.. tu me fuiste infiel, pues ahora te haré la vida a cuadritos... Cuando estes totalmente de-struída te dejaré, y me llevaré a los niñosC- porfavor no-dije llorando- tu también me fuiste infielO- tu me fuiste infiel con 2! Y para colmo quedaste embarazada, tonta callie,tonta, no te dejaré, ni tu a miC- ya no aguanto, ya estoy destruída owen- dije llorando desconsoladamenteO- te quiero totalmente destrozada

Sin mas salí de allí y me iba a Dirigí a emergencias pero con este aspecto no puedo, volví a entrar a otro cuarto de descanso pero..

Pov Ari

Una vez llegué al hospital mi mal humor era evidente y me dirigí al piso de arriba encontrandome con Eliza

E- ey bonitaA- eliza- dije secaE- uy alguien esta enojada ..A- no es un buen día ElizaE- bueno.. queria invitarte a cenar esta noche si es posible...A- yo.. emm.. si creo que estoy libre, siE- genial- me sonrió- puedo preguntar porque ese humor?

La miré y conectamos miradas

A- quieres hacer que se me vaya el mal humor?E- si claro, que hago?A- esto

Sin mas la besé y fuimos a un cuarto de descanso entrando y yendo a la cama

..Minutos despues yo estaba sin blusa solo en sosten, estaba por quitarle la blusa a Eliza cuando la puerta se abrió

C- yo.. yo lo.. sien... Siento- dijo callie con la voz entre cortada, esta llorando y feo

Me baje de encima de eliza y agarré mi blusa tapándome

A- calliope

Ella sin mas cerró la puerta, me puse rápido la blusa y salí viendola caminar por el pasillo llorando

A- callie!C- no vi nada tranquilaA- no, estas llorando feo.. no puede ser por la conversación de hace un ratoC- te preocupas por mi ahora?

Sin mas me puse seria

A- tienes razón, a veces mi buen corazón me traiciona- me di vuelta sintiendo su voz

C- Ari

Seguí caminando

C- Ari.. Arizona... Cariño...

Detuve mi paso al escuchar eso último...

C- cariño, necesito ayuda.. porfavor

Me di vuelta y note su maquillaje corrido dejándome ver un moretón al lado de su labio y su mejilla roja...

CAPÍTULO 2

C - cariño, necesito ayuda.. porfavor

Ella se dió vuelta y me miró con una cara de pánico.

A- calliope que te pasó?

Yo solo lloraba

A- fue él no? Fue ese animal? Contéstame! Fue ese hijo de puta????!!!

Asentí con mi cabeza

A- ahora me va a conocerC- no Arizona, Arizona por favor no!- dije tratando de agarrarla mientras ella caminaba llena de odioA- dejame callie, lo voy a buscar, que me golpeé a mi tambien si se cree tan hombre!

La agarré con fuerzas que ni yo sé de donde saqué y la puse contra la pared

C- Arizona estoy agotada, te necesito pero no para que saques la cara por mi, tengo miedo... Mucho miedo, no por lo que me pase a mi sino por los niños y por tí, el sabe que sos mi punto débil al igual que mis hijos, Ari necesito que me abraces porque siento mi vida caer, te necesito- dije llorando

Ella me miró detenidamente y luego me llevo dentro de un cuarto de descanso poniendo cerrojo.

A- nada te va a pasar preciosa- sin mas me abrazo fuerte y siento que por primera vez en un mes pude volver a respirar.

C- te extrañé, te extraño- ella dió un beso en mi frenteA- ven, siéntate- me llevó a la cama de allí y siguió abrazándome- quiero que me cuentes todo callie...C- yo.. no quiero hablar mas de lo que ya habléA- es necesario calliopeC- no quiero que te pase nada, no lo entiendes? No me perdonaría si te pasara algo por mi culpa, se lo cruel que puede llegar a ser, el sabe que me destruiría si te pasara algo.. y eso es lo que el quiere, verme destrozada..- dije tratando de respirar continuamente mientras ella acariciaba mi espalda.A- callie, no me va a pasar nada, estamos aquí las dos juntas y nada te va a pasar ni a ti ni a mi, ahora necesito que respires y me cuentes

Sin mas cerré mis ojos e inhale profundo, una vez exhale me senté mejor mirándola, viendo sus ojos.

C- tus ojos...- ella frunció el seño- me pierdo en ellos cada vez que los veo y ahora te perdí yo a tí- dije volviendo a romper en llantoA- ya.. shhh shhh...- me volvió a abrazar- estoy aqui callie.. no me perdisteC-no me quiero ir de aquí, sin ti vuelvo a la pesadilla que es mi vida hoy en díaA- callie... Necesito que me cuentes, porfavor...

Me senté nuevamente y miré al frente, si la miro no puedo hablar asi que solo quede viendo un punto fijo.

C- el dia que estaba en el hospital, cuando tu te fuiste a cirugía Owen apareció- por mi mente pasa la escena tal y cual fué- entro lento hacia la habitación mientras cerraba con cerrojo la puerta... Me miraba como si fuera su víctima, pensé que me iba a matar- dije con mis ojos llenos de lágrimas aun mirando al frente- en esos momentos solo rezaba porque llegaras tu nuevamente...

Pov Ari

La estoy escuchando, aun no me mira, solo ve un punto fijo al frente mientras lleva sus piernas a su pecho, mientras me cuenta todo esto me imagino la escena.. su miedo, su temor y ahora entiendo porque me reclamo aquel dia el que la habia abandonado por ir a cirugía, mi corazón se estremece al escuchar sus relatos pero sigo atenta a ella

C-... Caminó hacia mi, una vez estuvo frente a mí sonrió y comenzó a hablarme, decirme cosas hirientes... Me dijo que te dajara, que no te quería ver conmigo porque de lo contrario le haría daño a los niños- se le escapó una lágrima- y a tí, me obligó a decirle a la policía la mentira que les dije y te juro Arizona... Te lo juro- dijo ya llorando- que fue lo mas difícil que tuve que hacer... No, miento... Lo mas difícil fue decirte que te alejes- tomó aire- cada que te repetía que te alejaras por dentro decia "quédate, no te vayas" pero por otra parte sabia que lo mejor era que quedaras fuera de esto...

Tomé su mano

A- callie, si les hubieras dicho a la policía en ese momento lo hubieran agarrado y lo hubieran llevado a la cárcelC- el miedo me consumió Ari... No queria que haya daños a terceros, con el que me causo a mi ya era suficiente, hizo perder a mi bebé Arizona- dijo llorando desconsoladamente- me llamo de las peores formas posibles, hizo que mark se alejara de mi y tu también, tiempo después cuando volví a hablar con mark, Owen comenzó a golpearme todos los días ya que piensa que lo engaño con él... Me ha obligado a tener relaciones con el sin mi concentimiento- dijo con la voz ahogadaA- hijo de...- apreté mas fuerte su mano

De tan solo imaginarme a owen abusar de callie mi sangre corre por mis venas rápidamente hirviendo, quedo callada escuchando a callie

C- me tiene amenazada con que si le digo a alguien esto que te acabo de decir le hara daño a los niños, y el es capaz de cualquier cosa- dijo por fin mirandomeA- callie, podemos conseguir ayuda, podemos ir a la policía y denunciarlo, esto se puede acabarC- y si el nos descubre? Y si te hace daño? No quiero que salgas lastimadaA- no preciosa- limpié sus mejillas- eso no pasará, solo quiero que lo denuncies si? C- noA- si callie, debes

Ella me miró con su mirada tan triste.. oh, esta no es mi callie.. la veo tan perdida

C- sálvame de la vida Ari- dijo bajitoA- no te voy a dejar caer jamás, pero necesito que des ese paso, denuncialo para estar tranquilos todosC- okey...A- si?C- mañanaA- callie...C- hoy no puedoA- no te dejaré volver a tu casa estás clara no?C- si no vuelvo me buscará, y si me voy tengo que irme con los niños, se pondrá como loco y si me encuentra nos hará daño ...A- te vendrás a casa conmigoC- que?A- si, eso... Te vendrás a casa- dije levantándome de la cama- le pediré a Ellis dia libre para ambas y nos iremos, cuando salga de aquí pon cerrojo a la puerta si?C- no espera, no me dejes solaA- no te dejaré- acaricié su mejilla y vi una mueca de dolor por su parte- vuelvo en unos minutos y nos vamos si?

Ella asintió con sus ojos llorosos, apoye mi frente contra la suya

A- no-te-dejaré callieC- no lo hagas jamás- dijo en un hilo de vozA- ya vuelvo, cierra la puerta

Sin mas salí de allí lo más rápido posible y corrí hacia la oficina de la jefa, cuando estaba llegando Eliza se pone frente a mi

A- eliza permiso- dije tratando de pasarE- Eliza permiso? Que te ocurre? Saliste detrás de ella y me dejaste como si nada en ese cuarto!

Diablos, me habia olvidado de ella completamente

A- lo siento si? Pero ahora necesito pasar a la oficina de la jefaE- para que?A- mira no tengo porque darte explicaciones si? Ahora a un ladoE- no! Sos mi novia, si tienes que darme explicaciones... Ahora dime que te pasa!A- a ver a ver un momentito, jamás te pedí ser mi novia ni tu a mi asi que el título te lo vas sacando ya mismo y me bajas el tono, ahora te haces a un lado porfavorE- sigue en pie lo de esta noche?

La miré indignada

A- noE- me dijiste que si Arizona!A- no estoy para berrinches Eliza, mira enserio lo siento pero no puedo en estos momentosE- me estas botando?

La miré

A- si, lo siento, pero siE- veo que solo te divertiste conmigo...A- no, no Eliza, simplemente callie no está en un buen momento y no tengo cabeza para parejas ni sexoE- ah osea que con ella??? Yo sabia que habia algo entre ustedes!

Mi paciencia ya se esta yendo al carajo y esta mujer no me deja avanzar

A- YA BASTA SI? TE ESTOY DICIENDO QUE NECESITO PASAR ASI QUE HAZTE A UN LADO!

De pronto la puerta se abre y visualizo a Ellis

A- jefa!

Ella se dió vuelta

A- necesito hablar con usted!- dije pasando esta vez yendo hacia ellaEl- claro Robbins, pasa- dijo haciendose a un lado dejándome entrar y cerrando la puerta- paso algo con Minnick? Note sus gritos y por eso salí- dijo sentandose en su sillaA-amm no, por eso no se preocupeEl- bien, y dime que es lo que ocurre- dijo cruzando sus dedos y mirándome sonriente

Solo espero que me diga que si porque sino no tengo idea de que hacer

A- necesito unas vacacionesEl- vacaciones?A- si.. nose cuento tiempo pero no es por relajación sino que en verdad las necesito

Ella pensó un momento

El- bueno en ese caso está bien...A- y hay una cosa mas...

Ella me miró esperando a que prosiguiera

A- Torres también necesita licencia.. pero creo que ella será por mas tiempoEl- que? Estas loca Robbins??? Mi jefa de pediatría y mi mejor cardióloga de licencia por un tiempo indefinido? No, ni pensarlo

A- Ellis, porfavor, es muy necesario.. de lo contrario no se lo pediría

Ella me miraba seria

A- mire, cuando vuelva de mi tiempo sin venir aquí yo haré guardia por un mes entero

Ella suspiró

El- esta bien robbins, en pediatría nos arreglaremos y en cardio esta AltmanA- gracias! Gracias gracias mil gracias!El- Robbins...-dijo antes de que me vaya, me gire viendola- no tarden mucho- me dio una sonrisaA- espero que no- dije dandole otra sonrisa a ella.

Agradezco siempre haber tenido un buen trato con la jefa, porque les aseguro que a nadie mas Ellis Webber Grey le hubiera sonreído. Corrí lo más rapido a mi zona encontrandome con alex quien era mi residente hoy.

A- karev!- dije llegando a el

Al- Robbins que ocurre?A- me ausentaré unos diasAl- que?A- si, necesito que te ocupesAl- soy residente, no me toca pediatría todos los diasA- lo se.. habrá una doctora suplente.. a lo que voy es que tu conoces a los pacientes tan bien como yo, quiero que todos los dias pases y veas a cada uno si? Cualquier inconveniente me llamas

Al- okey . Okey esta bienA- bien, gracias!- me di vueltaAl- doctora!A- si?Al- suerte

Frunci mi seño

Al- se la ve alterada.. solo respire y ... SuerteA- gracias...- sin mas salí de allí y corrí hacia el cuarto donde habia dejado a callie y toque la puerta- callie soy yo abre la puerta

Sin mas se abrió la instante dejándome verla hecha un mar de lágrimas

A- callie?....C- pensé.. pensé que te habías ido

A- que? No noC- tardaste..A- tuve unos inconvenientes pero adivina que, Ellis nos dio licencia por tiempo indefinido asi que ya podemos irnos

Pov callie

Arizona habia ido a hablar con Ellis y yo quedé Allí

C- bien, demorará unos minutos tal y como te dijo callie, tranquila- trate de autoconvencerme

Pasaron 5... 10... 15 ... 30 minutos y nada, mis nervios y ansiedad aumentaron, y si algo le paso? Y si en el camino se encontró con owen y le dijo todo y el la lastimó? Y si... Y si.. y si... Mierda! Debo ir a verla... Pero me dijo que me quedara, quizas y solo está tratando de convencer a Ellis ya que no es facil convencerla de algo y menos que de dias libres a dos cirujanas.Lágrimas inconscientes comenzaron a caer por mis mejillas y de un momento a otro estaba deslizada en el suelo al lado de la puerta llorando y llorando.

A- callie, soy yo abre la puerta- dijo dando toques en la misma

Me levanté rápidamente y le abrí, cuando me vió su cara cambió

A- callie?C- pensé.. pensé que te habías idoA- que? No noC- tardaste..A- tuve unos inconvenientes pero adivina que, Ellis nos dio licencia por tiempo indefinido asi que ya podemos irnos!C- bien.. rápido vamos- dije tratando salir de allíA- no espera- entró al cuarto y cerró- no podemos arriesgarnos a que él nos vea, saldré yo y luego tu, trata de parecer lo mas normal posible, yo iré a mi auto y minutos despues tú sal y sube, yo ya estaré ahi si?C- no quiero quedar sola- dije tomando su manoA-seran unos minutos, es para que todo salga bien, luego de que estemos en el auto iremos a tu casa, agarraras ropa tuya y de los niños y luego pasaremos por allegra y los mellis a la escuela y el kinder si?C- esta bien- dije limpiando mis lágrimasA- ey- posó su mano derecha en mi cintura pero me aparté por inercia, últimamente no quiero que nadie me toque luego de que owen lo haya hecho tantas veces sin mi permiso- tranquila...- sacó su mano- todo estará bien sunshine

Solo asentí y ella volvió a salir, esperé unos 5 minutos y salí yo, me dirigí a los lockers donde estaban mis cosas, me cambié de ropa tomé mi bolso y sali hacia el estacionamiento, todo el momento mire a mis alrededores y nunca localicé a Owen asi que eso me tranquilizó, llegué al auto de Arizona y subi en el lado del copiloto, ella ya estaba en el del conductor

A- hola..C- hola..- dije nerviosaA- vamos por tu casa?C- vamos, rápido, quiero ir por los niños cuanto antes

Ella asintió y comenzó a manejar yendo rumbo a mi ca sa.Una vez llegamos entramos y subimos las escaleras yendo a mi cuarto primero, entré y saqué mi bolso ya listo

A- ya lo tenías listo?C- jamas desarme el bolso que habia hecho aquella noche, el de los niños tambien siguen intactos asi que vamos a sus habitaciones

Sin más fuimos por el de allegra y Arizona lo agarro y yo agarre el de los mellis, una vez listo íbamos bajando cuando me acordé de algo

C- esperaA- que?C- ya vengo

Sin mas fuí al cuarto de Alle y agarré su osito y volví con Ari

C- no duerme sin su oso

Ella sonrió y salimos de alli volviendo a su coche, una vez subimos Ari manejó hacia la escuela de allegra, hablé con la maestra y la dejó salir sin problemas, luego con los mellis lo mismo asi que una vez los 5 en el auto fuimos hacia la casa de Ari.Entramos a su apartamento y dejamos los bolsos.

Al- porque vinimos aquí mami?C- ustedes querían pasar tiempo con zona no?- asintieron- bueno, estaremos con ella unos dias!!!M- enserio???A- si cariño, nos divertiremos mucho!Al- yei!!!!!A- bueno, ahora quiero que vayamos a la sala y vean una peli si? Pero antes se sacan el uniforme y se ponen ropa cómodaAl- me ayudas a escoger la ropa zona?A- si princesa vamosC- ustedes pequeños vengan conmigo que los cambio

Ari me dirigió a un cuarto en el cual fui con los dos niños y los cambié dejándolos en un yoggin y un buzo manga larga ya que hace fresco. Una vez listos salieron hacia la sala, me dirigí con ellos y alli estaba Ari eligiendo una película con Alle.

A- bien, esta les gusta?- siiii!!!A- bien, yo hablo con su mami y luego volvemos si?Al- okey- dijo atenta a la tv

A- vamos callie?C- dondeA- a mi cuarto, yo llevo tu bolso

Sin mas ella agarró mi bolso y fuimos a si habitación.

A- bien, los niños dormiran en el cuarto de aquí al lado, ya dejé sus bolsos alli, duermen solos no?C- si ellos ya duermen solos pero, yo puedo dormir con ellosA- no, tu dormirás conmigo, si duermes con ellos dormiran apretados e incomodosC- con.. contigo?A- si, vamos callie... Ya hemos dormido juntasC- si solo que... Me tomó por sorpresaA- tu.. no quieres dormir conmigo? Yo no te tocare ni nada, solo dormiremos callieC- sisi si lo se... No hay problema Arizona, dormire contigoA- bien... Ahora vamos con los niñosC- vamos

Sin mas me agarró de la mano y salimos de allí yendo a la sala donde nos sentamos con los niños y miramos la película, se que la disfrutaron pero yo no se ni de que se trató, solo pienso en que pasará si owen nos encuentra, en que arizona tuvo que dejar el trabajo unos dias, en los niños... Mi mente es un revoltijo de pensamientos y miedos. Por mi cabeza pasan las palabras de Owen "sabes que pasará si abres la boca" "quiero verte totalmente destruida".

A- estuvo muy buena!Al- siii!!! Podemos ver otra?A- luego cariño, ahora necesito ir a hacer unas compras rápidas para estos dias en que estén ustedes si?M- okey zonaC- te vas????A- si callie, no demorare mas de media horaC- vamos contigoA- callie, quedate con los niños si? Yo volveré- dijo mirándomeC- okey...

Ella dio un beso en mi frente y agarro su bolso y llaves para salir.

Quedé con los niños los cuales habian comenzado a mirar otra película y ahora mis miedos habian aumentado en cantidad, solo quiero que estos minutos vuelen y arizona esté aquí lo antes posible, el hecho de estar sola me aterra mas que nunca.

25 minutos después

Estoy mas tranquila, mis miedos siguen pero ya falta menos para que Ari vuelva y nada ha pasado, es mas.. me enganche con esta peli. Asi que ahora estamos riendo los niños y yo hasta que unos toques en la puerta interrumpen.

C- ya vengo

Me levanté y caminé hacia la puerta

C- ari olvidas que llevaste las llaves?- dije abriendo la puerta con una sonrisa hasta que un golpe me hizo perder la conciencia.

...

Cuando me recupero trato de abrir mis ojos pero noto que estoy vendada, siento los gritos de los niños a lo lejos, muevo mis manos pero estoy atada, mis piernas igual

C- niños??? NIÑOS!!!!- shhhh shhhh! Silencio bonitaC- o.. Owen?O- o... Owen?? No reconoces mi voz?C- que le hiciste a los niños?O- ellos estan encerrados, no querrás que vean como le hago daño a mami no?C- Owen porfavor no- sin más sentí una cachetadaO- no te dije que hablaras.... -Senti unos pasos rodeando la silla en la que estoy sentada

- aun no entiendo como es que tú me fuiste infiel a mí.. con 2 personas!- jaló de mi cabello fuerte haciendome gemir de dolorC- tu también me engañaste OwenO- cállate!- otro golpe haciendome sentir la sangre en mi boca- lo tuyo fué peor.. ademas, nose como te conseguite a 2.. mírate, estos últimos años has estado espantosa, has subido de peso, ya no seduces.. o bueno.. se ve que a tus amantes si, debo admitir que tienes tus atributos igual, dijo rasgando mi blusa dejando ver mi sostén- mi pecho sube y baja rezando porque Arizona no llegue ahoraC- owen suéltame y vete, no levantaré cargos

Rió fuertemente

O- crees que vas a salir viva despues de esta? Te pedí una unica cosa, que no abrieras la maldita boca! Y que hizo la señorita? Hablo!- bajó mi venga unos minutos haciendome mirarlo

Al- mamiiiiii!!!!!!!- senti a allegraC- quedate ahi mi amor! No salgas!!!!- griteO- no salgas...- me imitó- dile que los quieres mínimo, se una buena madre antes de que no puedas hablar masC- owen porfavor basta, tienes que ir a un psicólogo

Sentí otra bofetada

O- me llamas por loco?????- rió y subio mi venda nueva-mente

De pronto siento el ruido de un arma cargarse

O- no debes pasarte de la raya calliopeC- owen.. Owen no...

De pronto siento el ruido de las llaves en la puerta

C- no no no Arizona no entres!

A- callie...O- oh! Hola robbins!A- owen, owen baja el arma

En estos momentos deseo poder mirar pero la venda me lo impide

A- callie... Callie estás bien?O- oh ella está de maravillaA- mira, se razonable y baja el arma, deja de apuntarme

El Rió, siento mi corazon latir a mil por hora

A- owen baja el armaO- ts ts ts... No, mala suerte Arizona.

CAPÍTULO 3

C- NOOOOOO!!!!!!

Quedó todo silencio a mi al rededor, o creo que yo no escuchaba nada... Quedé esperando algun minimo sonido pero nada, solo escuchaba mi respiración agitada.

C- hijo de puta- dije bajito- HIJO DE PUTA!!!!! HIJO DE PUTA LA MATASTE!- dije en medio de mi llanto- Ari... Mi Ari.... TE VOY A MATAR HIJO DE P...- no pude seguir con mis insultos porque unas manos sacan mi venda- Arizona?...A- ya deja de insultar calliope- dijo con cara de preocupada.

Sin más comenzó a desatarme y luego me ayudó a levantarme, yo solo la miraba, veia su cara, sus ojos, sus labios, toda ella... Ella estaba bien.

Por primera vez luego de que me sacó la venda caí en cuenta... Que fué ese disparo? Mire al suelo y habia un charco de sangre

C- que .. que.. de quien es esa sangre?- dije temblandoA- un oficial le disparó a Owen- dijo poniéndome un abrigo encima de mis hombros

La veo totalmente centrada en mi bien y ni siquiera se inmutó por lo que pasó.

C- estas bien- exclamé con lágrimasA- estoy bien callie, y tu gracias a Dios también

Al- maaaa!!!!C- los niños!

Sin mas corrimos hacia la habitación donde estaban encerrados y abrimos donde los 3 salieron corriendo abrazándome entre lágrimas, estan realmente asustados.

C- mis amores, como están? Estan heridos???- comencé a revisarlosAl- no.. no.. que pasó mami? Porque papá estaba así?- dijo llorandoA- princesa luego hablamos, ahora hay que salir de aquí

Me dió una mirada y la entendí enseguida

C- ven conmigo mi amor- agarré a allegra en mis brazos y ari a los mellis para pasar por la salaA- cierren los ojos niños, cierrenlos y no los abran hasta que les diga

Pasamos por el charco de sangre y la silla con las cuerdas encima, confieso que incluso yo cerré los ojos mientras pasaba por allí, salimos del apartamento y salimos del edificio y wow... Ambulancias y patrullas por todos lados

- señorita- dijo una doctora- vamos.. venga aquí

Miré a Ari y ella asintió, caminé hacia la ambulancia y me senté mientras comenzaban a atender mis heridas en el labio y hacian un chequeo, tengo mi vista y concentración perdida, me iba a matar, owen.. mi esposo, el padre de mis hijos me iba a matar.

Si Arizona no hubiera llegado ahora mismo estaria tirada en el piso en un charco de sangre mientras quien sabe que le hubiera pasado a los niños, de tan solo pensar el trauma para ellos mis lagrimas comienzan a descender.

- tranquila.. como te llamas?- preguntó la doctoraC- callie- bien callie, tranquila, los golpes son superficiales si? Estas bien y tus niños fueron revisados.. están bien

Asentí mas aliviada y luego de unos minutos Ari se acercó a mí

Pov Ari

Luego de volver del supermercado note que había un auto igual al de callie estacionado, quede parada... Es el de ella, pero como? De repente recordé aquella mañana en la que owen se ofreció a traerme aquí, OWEN SABE DONDE VIVO... Sin mas saqué mi celular y con manos temblorosas le marqué a la policía

- buenas noches, en que puedo ayudarle?A- hola... Yo.. necesito patrullas, rápido- esta bien señorita- dijo el hombre- dígame que ocurreA- hay un hombre tratando de hacerle daño a ... A mi novia, hay niños dentro, porfavor vengan rápido!- dije alterada- páseme su dirección y numero de apartamento

Se la dije

- muy bien, ya vamos, traquila y no entre hasta que lleguemos

Sin mas cortó y quede con mi corazón a mil por hora, camino de un lado a otro, nose que puede estar haciendo ese animal a callie o los niños..NO yo no puedo quedarme parada como una tonta cuando sus vidas corren peligro.

Sin mas entré al edificio y llegué frente a la puerta, agarro mis llaves y abro suavemente la puerta donde veo a callie atada a una silla vendada y a owen apuntandole con un arma, mierda!

A- callie...O- oh! Hola robbins!A- owen, owen baja el arma

Trate de calmarlo pero se nota su estado de locura ¿? En sus ojos. Los tiene ligeramente abiertos y vidriosos mientras sus pupilas estan dilatadasPase mi vista hacia callie y la veo con su pecho descubierto y su rostro con sangre, este hijo de puta ya la golpeó, okey Arizona mantén la calma o puedes salir herida

A- callie... Callie estás bien?O- oh ella está de maravilla-respondió por ellaA- mira, se razonable y baja el arma, deja de apuntarme

El Rió, siento mi corazon latir a mil por hora

A- owen baja el armaO- ts ts ts... No, mala suerte Arizona

Sin mas me apuntó y cerré mis ojos"Lo siento callie" dije hacia mis adentros

Disparo

C- NOOOOOOO!!!!!!!

Abrí mis ojos y seguía con mis manos alzadas y owen tirado en el piso mientras la sangre comenzaba a salir de él, callie seguía atada a la silla, quedé en shock hasta que oficiales comienzan a entrar y sacan a owen inconsciente en una camilla fuera del apartamento,le habían disparado antes que el pudiera dispararme a mi, una mano en mi hombro me hace salir de ese estado.

-señorita esta bien? Esta herida?- pregunta una policía muy amableA- s..si.. yo estoy bien- sin más dirigí mi vista a callie quien seguía inmóvilA- yo la desato- bajen fuera del edificio, ambulancias las atenderán

Asentí y quedamos solas, de repente callie comienza a gritar llorando

C- HIJO DE PUTA!!!!! HIJO DE PUTA LA MATASTE!- dijo en medio de su llanto- Ari... Mi Ari.... TE VOY A MATAR HIJO DE P...- me acerque a ella y quite su venda- Arizona?...A- ya deja de insultar calliope- dije con preocupación

Me acerque a callie quien sigue sentada en la ambulancia

A- como esta de sus heridas?- le pregunté a la médi-
ca- ella estará bien, solo necesitará analgésicos por el
dolor y pasar crema pero son golpes superficialesA- los
niños?- ellos estan en perfecto estado, solo asustados
pero es normal, estan con un doctora

Asentí y nos dejó solas

A- callie- me puse frente a ella

Ella solo me tomó de la cintura y me besó, oh sus labios,
cuanto los extrañe!

C- pensé que te había perdido- dijo con su frente en la
míaA- yo pensé que iba a morir, pero sentí mas temor
por saber que no iba a poder protegerte, pero estas
aquí... Sana y salva conmigo y los niños- dije agarrando
su mejilla con cuidadoC- te amo- quedé mirandola- te
amo Arizona, te amo como jamás amé a nadie.. perdóname por todo, pero no te quiero perder.. se que fui
una estup- la callé de un nuevo beso, luego de unos
segundos nos separamos

A- no te insultes a ti misma, suficientemente pasamos..
también te amo calliope, jamás deje de hacerlo, perdóname tu a mi por ser cruel cuando tu necesitabas ayu
da... Creo que la estúpida fui yo

Ella colocó su dedo en mis labios

Pov callie

C- ahora la que se insulta eres tu?... Estabas enojada y dolida, era obvio.. ya no pensemos en esoA- tienes razón, vamos con los niños, estan asustadosC- vamos

Sin mas fuimos a otra ambulancia y llegamos a ellos donde los abrazamos y quedamos unidos los 5 en un abrazo infinito, los niños sollozaban mientras Ari les hablaba dulcemente como siempre lo hace y acariciaba sus cabellos

M- papá?- pregunto Matías con sus ojos vidriososC- no lo sé.. donde está?- me Dirigí a AriA- en el hospital, lo deben estar atendiendoAl- esta herido?A- si mi amor, tu papi tiene una heridaAl- va a estar bien?A- hay que dejar todo en manos de los doctores cariño- ella se acercó a mi oído- quieres ir a verlo?

La miré

C- llevaré a los niños a la casa de mi hermana y luego si iré

Ella asintió

A- los llevo

Sin mas fuimos al auto y dirigí a Ari hasta llegar a la casa de Aria, mi hermana.

Aria- callie, que paso? Porque estas lastimada?C- owen Aria- el ..

Asentí, mi hermana sabia de los episodios de owen y mis miedos asi que comprendió enseguida, le di un breve resumen y ella acepto quedarse con los niños.Ari y yo volvimos al coche y condució hasta el hospital, una vez allí entramos apuradas y preguntamos por Owen, la enfermera nos dijo que estaba en quirófano.

Miré a Ari tratando de buscar alguna ayuda y ella habló

A- quieres ir a la galería?

Asentí y ella tomó mi mano, fuimos hasta la galería del quirófano y alli nos encontramos a mark sentado mirar la cirugía.Se paró rápidamente y solté la mano de Ari para hundirme en su abrazo, besó mi cabeza y estuvimos asi unos segundos

M- es grave

Nos separamos y lo miré

M- estan haciendo todo lo que pueden pero la bala fue al pecho

Dirigí mi mirada al vidrio y vi a Ellis, bailey y teddy procediendo en la cirugía.Me senté en un asiento y Ari a mi lado tomando mi mano, ninguno de los 3 hablaba solo mirábamos.

De pronto el monitor comienza a sonar

Teddy- esta entrando en paro, carguen paletas!

Antes del tercer intento me levanté y salí de allí con lágrimas haciendo borrosa mi vistaFui hasta emergencias donde me senté y puse mi rostro en mis manos, Arizona llegó a mi lado y se sentó nuevamente en el asiento de mi derecha acariciando mi espalda

C- nose porque me siento asi!- dije con coraje- estuvo a punto de matarte a ti, de matarme a mi, hizo todo lo que hizo por meses y yo no quiero que se muera- dije en llanto

A- shhh... Callie, es obvio que no quieres que el fallezca, es tu esposo.. lo fué por 10 años, es el padre de tus hijos... Nada reemplaza lo que hizo pero esta bien que sientas lo que sientes - ella dio un beso en mi hombro- aqui estoy contigoC- gracias- recosté mi rostro en su pecho y ella me abrazó- sos mi lugar seguroA- tu me vuelves indestructible callie...- acarició mi cabello y cerré mis ojos mientras mis lágrimas paraban de a poco

A- callie.. callie...

Me desperté rápidamente y note a Ellis caminar hacia nosotras, me levanté junto a Ari y ella llegó frente a nosotras

E- hicimos todo lo posible callie...

C- el.. esta muerto?

Sentí una punzada en mi pecho, mi respiración se cortó y siento la mano de Arizona aferrarse a mi hombro, mi boca se entreabre dejando salir una minúscula parte de aire y mis ojos se ponen borrosos debido a nuevas lágrimas. Por mi mente pasan Miles de recuerdos... Nuestros años de novios, nuestros años de casados... Los años felices.. mis embarazos.. el de allegra y los mellis... También pasan los momentos malos, como fué que llegamos a todo esto? Como es que nuestro cariño se desmoronó? Como es que ahora amo a la mujer que me esta dando su apoyo incondicional? Como es que el hombre con el que creí que pasaría mi vida entera ahora ya no lo amaba mas y es mas... Está muerto.

la voz de Ellis vuelve a quitarme de mis pensamientos

E- el está en la habitación 137 callie, las siguientes 24 hora serán cruciales para ver si sobreviveC- el...?E- el está vivo- dio un apretón en mi hombro y se retiró de allí

Un gusto amargo sube desde mi estómago hasta mi garganta.. el está vivo, esto me alegra? Debería hacerlo? De repente el temor me inunda... Que pasa si el sobrevive? Que pasa si cuando se recupera vuelve a buscarme?

Miro a Arizona quien aun parece no creer lo que acaba de pasar

C- si el vive me matará- dije aterrorizadaA- que? No... No callie- me abrazó y hablo a mi oído

A-hablarás con la policía, y mientras yo viva nada te pasara calliopeC- no me dejes- supliqué aferrada a su cuelloA- jamás lo haría cariño..

CAPÍTULO 4

Calliope Torres?- un oficial interumpe nuestro abrazoC- soy yo-necesito que venga a declarar lo ocurrido.

Un escalofrío pasó por todo mi cuerpo, miré a Arizona y ella acarició mi espalda tratando de que me relaje pero aun asi todos mis músculos están tensos.Ella asintio como dandome el okey y hablé

C- esta bien- acompañenos a nuestra oficinaC- puedo ir con ella?- dije agarrando la mano de la rubia- es un contacto directo de usted?

La miré y ella me miro, luego enfrento al oficial nuevamente

C- si, es mi novia- bien vengan con nosotros

Sin mas fuimos hacia la patrulla y subimos yendo camino hacia la comisaría. En todo el camino Arizona fue muy seria, como perdida en sus pensamientos... Y no la cuestiono, seguro esta cayendo en cuenta de todo lo ocurrido, ella también salio afectada... Owen casi la mata.

Una vez llegamos al lugar entramos y nos dirigimos a unos asientos donde tuvimos que esperar unos minutos, de allí salía y entraba gente, algunos con esposas en sus manos, otros libres.

Puse mi mano en la pierna de Arizona tratando de obtener su atenciónElla me miró

C- todo bien?A- si.. si, todo bien- me dio una sonrisaC-porque algo me dice que no?- entrecerre mis ojosA-tranquila callie, solo que todo lo que paso fue algo.. wow, mi cabeza esta en esoC- entiendo, mi cabeza también esta en todo este tema, los niños, tu, yo, owen... Aun nose si va a vivir o no...A- tu tranquila que nada malo va a volver a pasar si?C- si...- quede pensativaA-ahora tu estas raraC- es que quiero un beso

Ella sonrió y se acercó, junto nuestros labios y los fundió en un beso realmente preciso. Pero fuimos interrumpidas por el oficial de hoy

- ejem ejem...

Nos separamos

- vamos señorita?

Asentí.

A- tranquila y di todo tal cual si? No tengas miedoC- si.. graciasA- no hay de que callie, aqui estoy siempreC- gracias cariño- le di un beso cortito

y me fui junto a ese hombre entrando a una oficina ... Chica, de unos 2x2, habia una mesa y 2 sillas.. una al frente de la otra y en una esquina habia un despensador de agua.

-bien, necesito que nos diga todo..

Tomé aire profundo ...

Pov Ari

Claro que estaba perdida en mis pensamientos, desde que callie me llamó su novia por mi cabeza solo pasa eso, soy su novia? Digo.. apenas hoy volvimos a hablar y si.. nos besamos, pero ninguna le pidió a la otra "quieres ser mi novia?" Es.. nose.

Quiero que me lo confirme pero tampoco quiero tener que estar preguntándole esto mientras ella tiene mil cosas en la cabeza, pero esta duda pasa por mi mente y no se va.Quizas solo lo dijo para que yo pudiera ir junto con ella y ya.Pero a su vez me besó frente al guarda y me dijo "cariño"

Nose que hacer, lo correcto seria quitarme la duda pero y si la incomodo? Y si con todo lo que está pasando con owen ella no quiere nada conmigo y quiere dedicarse a sus hijos? La entendería.. aunque me duela.

Suspiró pesado y me levanto caminando observando un mapa de toda la ciudad pegado en la gran pared, si.. aburrido pero no tengo nada mas que hacer, espero a callie le esté yendo bien.

Minutos despues mi celular comienza a vibrarEs April, me retiro fuera de la comisaría y atiendo comenzando a hablar con ella, gran mayoria de la conversación es para saber si yo y callie estamos bien y asi.. normal, una amiga preocupada.

Pov callie

C- no se por donde empezar..- dije algo nerviosa- no esté nerviosa, usted no hizo nada malo si? O eso esperamosC- claro que no hice nada malo!- dije algo indignada- está bien... Dígame, cuando comenzó todo?C- Owen.. el sirvió en la Guerra, eso hizo que le dejara un gran trauma el cual lo afectaba con episodios- episodios?- pregunto confusoC- episodios de violencia, el se cegaba y siempre rompía algo o acudía a los golpes, la mayoría de las veces era a objetos pero tambien.. a mí- nunca se trato con un psicólogo?C- el dijo que iría pero nunca fué.. en fin, hace unos meses la relación se debilitó aún mas y.. ambos fuimos infieles

El solo asiente serio mientras yo siento que me muero de la vergüenza

- tranquila, yo mo juzgaré en lo absoluto- asiento y prosigoC- me enteré yo primero de su infidelidad y ahi nos tomamos un tiempo, luego yo le dije de la mía y el se puso como loco, esa noche el me golpeó a mi y a mi hija... Y provocó que tuviera un aborto- dije con lágrimas

- el sabía que usted estaba embarazada?C- no.. pero cuando lo supo no le importo en lo más mínimo, es mas me dejó sola... Yo me fuí de la casa con los niños y me fuí con Arizona al hospital- Arizona es su novia? C- si.. la que esta conmigo aquí

El asientio

- luego?C- cuando tomé conciencia ya habia perdido al bebé-hice una pausa

C- los doctores que estaban conmigo me dejaron un momento sola porque tenían cirugías y allí fue donde apareció el.. me amenazó con que si contaba la verdad a la policía me haría daño a mi y a mis hijos... No podía permitir eso.. por eso disfrace le verdad- se que fué difícil, a diario mujeres pasan por su misma situación- me dio una cara de compasión y luego seguíC- luego de eso volvimos a la casa y los golpes eran algo de rutina, se volvió Celoso, toxico, controlador, obsesivo, agresivo, manipulador... Todo. - como llegamos a esto último?- dijo en un tono calmoC- Arizona descubrio que Owen me golpeaba y me llevo a su casa junto con los niños y ... El sabia donde ella vivía, el me buscó y encontró.. y desde ahi ya saben el resto

El asientio y quedo un silencio incomodo

C- estoy aterrada, si el sobrevive, va a hacer lo posible para acabar conmigo- dije soltando lagrimas- no no no.

.. No señorita, mire se que tiene miedo pero el no le hará nada.. porque si sobrevive el irá a la cárcelC- lo van a encerrar?- claro que si, no puede quedar suelto luego de todo lo que hizo, secuestro, intento de homicidio doble, violencia doméstica... Y mucho más, tiene varios años

Yo quede callada

- excepto que usted no quiera eso, aunque lo lógico es que se lo encierre

Asentí con lágrimas

- bien, ahora hay que esperar dos dias para ver su avance y que es lo que pasa, la contactaremos luego y volveremos a hablar pero esta vez será mas formalC- está bien... Gracias...- señorita...- dijo cuando me estaba por ir- su novia se nota es un gran apoyo para usted, aferrese a eso en estos momentos

Le sonreí y el me devolvió la sonrisa, luego de eso salí y noto a Ari entrar con su celular en manos caminando hacia mi...

Pov Ari

Luego de hablar con April ella quedo mas tranquila y colgué, note que había pasado bastante tiempo asi que decidí entrar y alli vi a callie parada mirandome, está con una expresión indescifrable asi que comienzo a apurar mi paso hasta llegar a ella

A- callie todo bien?

Sin mas me agarró y me envolvió en un abrazo fuerteSe lo correspondi y quedamos asi unos minutos hasta que note que la gente iba y venía y nosotras no mos moviamos

A- callie, vamos afuera si?

Ella asintio y llegamos fuera

A- como te fué? Estás bien?C- si Owen sobrevive tiene todas las posibilidades de ir preso si asi lo quiero yoA- eso.. eso es genial calliope!!- la abracé alegre- ves? No tienes de que preocuparteElla asintio con una sonrisa forzada.Tire mi cabeza hacia un costado y acaricié su mejilla

A- vamos a casa quieres?C- los niñosA- ellos estan con tu hermanaC- debemos ir por ellos- dijo alterada tratando de ir hacia el cocheA- no callieC- no se que les puede pasar! Vamos!A- callie... Callie.. CALLIOPE!

ella se detuvo en seco y me quedó mirando

A- ellos ya están durmiendo, Aria me pasó su numero hoy y me contacté con ella.. ellos estan bien, owen aun no despierta, nada les va a pasar okey? Nosotras iremos a casa y descansaremos si?

Ella suspiró y agarré sus manos notando su temblor

A- si?C- si... Pero no a tu casa

Frunci mi seño

C- a la tuya porfavor... Tan solo recordar la sangre, la silla, las cuerdas, los gritos de los niños..- note que se alteraba de vueltaA- si si si callie, iremos a donde tu quieras, tu tranquilaC- gracias

Le di otro abrazo y luego fuimos al auto donde comencé a manejar hacia su casa, el camino fue en silencio y ella iba perdida en sus pensamientos... Y yo también, aunque ahora trato de pensar en mis pacientes.. cirugías, procedimientos y asi.. espero que karev se haga cargo en lo que pueda ya que veo esta licencia se irá para largo

Cuando menos me doy cuenta ya llegamos asi que bajamos y entramos... Alli esta todo intacto, en la cocina hay platos sucios de la noche anterior, hay una chaqueta de owen sobre un sofá... Como si nada hubiera pasado, callie camina lento

Noto como suspira y me acerco por detrás de ella acariciando sus brazos

A- será mejor que te bañes si?C- acompáñameA- mm?C- acompáñame porfavorA- oh... Si.. si vamos

La agarré de la mano y subimos lentamente por las escaleras, una vez llegamos a su habitación ella agarró ropa interior y un pijama para ella y otro para mi, me quedara algo grande pero no importa, cuando estaba por entrar al baño ella me habla

C- a este baño no... Al del cuarto de invitadosA- porque no en esta habitación?

Dirigió su mirada a la cama y sus ojos se llenaron de lagrimas

C- aca fue donde owen abusó de mí cada que se le daba la gana- dijo con la voz entrecortada

Por impulso fui a ella y la abracé, no tardó en aferrar sus manos en mi espalda

A- ya está todo bien si? Ya la pesadilla terminóC- me cuesta aceptarlo aúnA- lo se.. fue y es muy difícil todo lo que pasaste, pero el no te hará mas daño- seque sus lágrimas y di un beso en su frente.

Sin mas salimos de alli y cerré esa puerta, caminamos al final del pasillo y entramos a la habitación de invitados, entramos al baño y comencé a llenar la tina con agua a la temperatura perfecta

A- bien, yo voy a mandar un mensaje a mark quien esta algo preocupado y vengo si?C- si...

Sin mas salí..

Pov callie

Agradezco que Arizona haya salido para mandar ese mensaje asi me puedo desvestir a solas, comienzo sacando mi blusa y luego mis jeans, me veo en el espej o... Moretones en mi abdomen y pecho son visibles, me inundo de vergüenza, esto es horrible, mi escapatoria sería el maquillaje pero si me voy a bañar no me va a servir de mucho, me doy vuelta para no seguir viéndome asi que le doy la espalda al espejo y saco mi ropa interior, la dejo para lavar y me meto en la tina, hago bastante espuma por lo cual al sumergirme no se me ve en lo mas mínimo.Recuesto mi cabeza en el borde y cierro mis ojos, tengo un dolor de cabeza insoportable y mis manos aun tiemblan levemente.

El sonido de la puerta me trae a la realidad

A- puedo?- dice del otro lado de la puertaC- si, pasa

Abrió la puerta y me miró, me dio una mínima sonrisa y me quedó mirando

A- todo va a estar bien callieC- porque lo dices?A- tus manos siguen temblando

Suspiré

C- lo se... Es que, mis nervios aun siguen.. creo que es el shockA- entiendo, el temblor pasará- dijo llevando sus manos al borde de su blusa, sin mas la sacó.

Siguió por su pantalón y asi hasta quedar totalmente desnuda.

Su cuerpo tan bello, tan perfecto, ni un solo golpe... Soy espantosa para ella, me da tanta vergüenza ver la mujer que soy ahora.Sin mas desvie mi vista tratando de no mirarla mas y ella se acerca

A- entro?

Me fuí hacia delante y ella entro posicionándose detrás de mí

A- ven mas hacia mi callie- dijo suaveC- estoy bien.. aquí- dije con mis piernas contra mi pecho

Oigo ruido de agua y luego sus piernas a mis costados por detras, un escalofrío pasa por mí cuerpo, noto que agarra el gel corporal y lo pasa por sus manos.

Cierro mis ojos y ella pasa sus delicadas manos por mi espalda y hombros tratando de dar un masaje pero yo solo me tenso aun mas, ella pasa por mi cintura y yo me remuevo incomoda por lo cual ella sube nuevamente y pasa por debajo de mis brazos, cuando está por llegar a mis pechos la detengo

C- ahi no- dijo con la voz temblorosa

Ella da un pequeño beso en mi espalda y masaje mis piernas hasta donde puede y luego sube queriendo llegar a mi entrepierna pero apreto mis piernas cortándole el paso

A- solo sera para lavar callie, no haré nada masC- no- dije de igual manera asi que ella solo lavó donde yo le había dejado anteriormente, mis nervios siguen prese ntes... Cierro mis ojos y parece que veo las manos de owen pasar por todo mi cuerpo, su lengua lamer mi cuerpo asquerosamente y sus palabras sucias y agresivas en mi oído

"Te enseñaré lo que es estar con un verdadero hombre"- era lo que repetía siempre

Sin mas abro mis ojos y me pongo de pie

A- callie?C- perdona.. solo.. quiero terminar el baño- dije de espaldas a ella envolviéndome en una toalla para que no vea mis moretonesA- está bien

Sin mas salí de allí y me seque y vestí a velocidad de la luz para que ella no me viera desnuda ni en ropa interior, una vez lista bajé a la cocina y comencé a laver los pocos platos sucios para comer algo, miro en la heladera... Hay pizza de ayer, lo siento Arizona.. no quiero Cocinar, hoy tocará pizza

la saco y sirvo en un plato una porción cuando Arizona aparece detras de mí con expresión seria..

Pov Ari

La noto tensa en cada toque que doy, la entiendo.. luego de lo que ese animal le hizo su trauma es grande, oh callie.. mi callie, doy un besito en su espalda pero luego ella se va de allí sin más.. no la puedo culpar.

Salgo de la tina y en la había callie ya no está, me visto y mientras hago esto pienso

¿Porque dio vuelta la cara cuando me desvestí frente a ella? ¿ Acaso no me desea mas? ¿ Vergüenza? Ella ya me ha visto asi.. no entiendo, eso me hace dudar y vuelve la interrogante.. ¿Soy su novia?

No.. yo no puedo seguir asi.

Bajo decidida las escaleras y llego a la cocina notando que esta comiendo pizza.

A- calliopeC- Arizona?A- yo.. mira quizas suene muy directa o tal vez de muchas vueltas, quizas esté muy seria en este momento pero esto es importante para mi y no quiero seguir con esta duda porque me mata por dentro y se que quizas no sea el mejor momento para venirte con esto peroC- habla A- hoy me llamaste tu novia y se que nos besamos pero quizas era solo la necesidad pero luego... Me llamaste tu novia- digo reafirmando- y no me gustan las cosas inconclusas asi que...- ella me mira confusa- calliope soy tu novia?Ella frunce su seño y luego sonríeC- si Arizona- dice mostrando su bella sonrisaA- oh.. bien!- digo algo asombrada- bien.. soy tu novia

C- sos mi noviaA- entonces quiero que me digas porque apartarte tu vista de mi cuerpo hoy en el bañoC- no hablaremos de eso hoyA- si callie, dime porfavorC- noA- acaso no te gusto mas como antes? Engordé?C- que??? - se acercó frente a mi-No no Ari.. estas hermosa, tu cuerpo es perfectoA- entonces?- digo llevando una mano a su cintura pero ella no me dejaC- no quiero hablar mas sobre esto.. no por hoy- dice cerrando sus ojosA- tranquila, no lo haremos- poso con cuidado mi mano en su mejilla- puedo darte un beso?

Ella da una minima sonrisa y asiente lentamenteSin mas me acerco y la beso tiernamente, luego de un tiempo me separo y la abrazo fuerte

A- que te parece si comemos esa pizza y luego dormimos?

C- por favor!- reímos

y así fue.. comimos entre miradas de amor y luego subimos, cepillamos nuestros dientes y nos acostamos

Nos metimos bajo las sábanas y callie quedó de espaldas a mí

C- buenas noches AriA- buenas noches callie

Me acerque a ella y la abracé de la cintura pero me sacó inmediatamente

C- no Arizona!

La quedé mirando algo desentendidaElla reaccionó y calmó su mirada

C- perdón... Pero... Que me toques sin esperarlo es ... Difícil- dijo con su mirada perdida, cuando me volvió a mirar me dio un abrazo

No dije nada y acerque mi mano a la suya, ella me miró al sentir mi toqué y dejo que la tomara por completo...

Ella solo suspiró y se acostó nuevamente de espaldas a mi sin soltar mi mano y la llevó con cuidado a su cintura .. luego de unos segundos me acerqué poco a poco quedando abrazada a ella

A- te amo callie- dije cuando sentí que ya estaba dormida..

CAPÍTULO 5

P ov Ari

A la mañana

A- callie... Calliope- la muevo un poco y ella abre sus ojos con dificultad- arriba, debemos ir por los niñosC- mmm si- dijo sentandose rápido en la cama- hablaste con mi hermana?A- si, dijo que ya desayunaron y están esperando por nosotrasC- que hora es?- dijo resfregando sus ojosA- las 10amC- okey, voy al baño...

Asentí dando una mínima sonrisa y se alejó.

oh callie... Cuanto daño te hizo ese hombre, está apagada.. no es mi callie, pero ayudaré a que vuelva a ser la morena de la sonrisa perfecta de la que me enamoré.

Decido levantarme y tender la cama, una vez hecha me miro en el espejo que hay allí, dios mi aspecto es fatal, también debo ir a mi casa a buscar algo de ropa ya que solo tengo este pijama, espero que callie no tenga cabeza para importarse por mi apariencia de hoy...

Claro que no Arizona, tiene mil cosas en la mente y tu piensas que se va a importar por como te ves hoy? Mi yo interior me ve desde atras de mi por el espejo y sacude su cabeza riéndose mientras está de brazos cruzados... Suspiro.

Se que esto será difícil, pero no me iré, voy a cuidarla y amarla ... A ella y a los niños, no me apartaré en los momentos mas oscuros.

C- Ari...- su voz me saca de mis pensamientos.

Voy hacia la puerta del baño y apoyo mi oído en la misma

A- si?C- tu.. tu puedes ir a mi habitación y traer ropa para mi?A - claro que si, ya regreso

Sin mas me dirigí a la habitación y entro, miro la cama con odio, vuelve a mi cabeza el relato de ella ayer y lo que Owen hizo con ella... Sacudo mi cabeza y me dirijo al closet, alli saco en un bolso toda la ropa que habia en los primeros estantes, creo es esa la que mas usa y también guardo de su ropa interior, en otro momento me hubiera Muerto de vergüenza de estar entre su ropa interior pero este es un tema aparte y lo único que quiero es que ni ella ni yo tengamos que volver a esta maldita habitación. Miro por última vez a mi al rededor viendo que mas puedo llevar, no nada, miro otra vez en el armario y .. oh... Una sonrisa se hace presente en mi rostro

C-me golpeó cuando la encontró- dijo callie de brazos cruzados contra el marco de la puerta

A- callie cariño, no estés aquíC- vi que demorabasA- tranquila, ya voy.. tu ropa está guardada aquí- dije seña- lando el bolso- vamosC- traela- dijo haciendo referencia a lo que habia encontrado

Asentí y fuimos de nuevo a la otra habitación, una vez llegamos callie agarra unas prendas y se cambia en el baño, una vez sale se sienta a mi lado en la orilla de la cama.

A- la conservaste..C- es la nota culposa de nuestra primer noche, ¿Como no guardarla?- ambas reímos un poco

Si, callie había guardado la nota que le dejé en su armario cuando me fuí aquella mañana de esta misma casa, luego de la primera noche en que hicimos el am or...

A- debemos irC- si.. vamos

Sin mas bajamos y salimos de la casa yendo en camino al coche, una vez dentro comienzo a manejar, veo a callie muy perdida en sus pensamientos...

Pov callie

En el camino voy mirando atraves de la ventana viendo los árboles ya que vamos en una ruta, por mi mente solo pasa un unico tema y a este le doy vueltas y vueltas y nose a que desicion llegar... Pero mis nervios cada vez se hacen mas presentes.

De repente veo que este camino no es el que va hacia donde mi hermana.

C- a donde vamos?A- necesito ropa callie, sigo en tu pijamaC- vamos a tu.. apartamento?

Ella asintio, mi cuerpo se estremece cuando estaciona su auto

A- no bajes, yo voy.. esta bien si?C- no vayas.. compraremos ropa pero no vayas solaA- callie... Nada pasará, Owen esta en el hospital y no nos puede hacer nada, okey?C- ten cuidadoA- nada pasará callie, tranquila.. ya vuelvo okey?

Asentí con mi cabeza y mis lágrimas amenazando con salirElla abre la puerta y cuando está por salir tomo su mano, ella se voltea y me mira

A- callie..

La atraigo a mi y la beso, fue un beso lento y demorado, ella me lo siguió y luego lo termine con unos besos mas cortos

C- se que no estoy siendo muy justa,en lo que va del día no le he dado ni un beso a mi noviaA- tranquila, no te disculpes... Se que esto es dificil, con tenerte a mi lado me basta, aunque gracias por ese beso.. lo necesitaba

Sonreímos y nos damos un corto beso

A- ya vuelvo

Suelto su mano y ella baja adentrándose al edificio.

Apoyo mi cabeza en mi mano contra la ventana y cierro mis ojos

Una vez Ari llega al coche mi móvil suena, es una enfermera, avisando que Owen despertó... Es momento de ir a verlo, miro a Ari y ella asiente como diciendo que eso es lo correcto, le devuelvo la mirada y emprendemos camino hacia allí.

C- hola, Calliope Torres, necesito ver a Owen Hunt- digo a una enfermera

Me dice la habitación y vamos junto a Ari, una vez llegamos ambas entramos y allí está el, como si nada... Sentado en la cama

O- callieC- Owen

El dirige su mirada a Arizona

C- Ari, puedes dejarnos a solas?A- que? No.. ni pensarloC- Ari..

Ella suspira y se marcha de allí, escucho la voz de mark

M- ey arizona!

Okey.. estará hablando con él

O- como estás?C- te atreves TÚ a preguntarme eso?- digo bastante tranquila para mi asombroO- yo.. perdóname

Lo miro seria

O- se que eso fué demasiado, pero no quería perder a los niñosC- y por eso casi me matas? Y todavia a arizona también? Estas dementeO- ven aqui porfavor- me dijo señalando la cama

Niego con mi cabeza

O- callie..

Me acerco lento al lugar y tomo asiento

O- cambiaréC- eso dijiste mil veces, no te creeréO- pues no puedes hacer que me encierrenC- en la cárcel? Claro que puedo.. mira Owen, esto no llegará a ningún lugar, adiós- digo levantándome de la cama y camino hacia la puerta pero sus brazos me agarran con fuerza y siento algo filoso en mi cuelloC- owen.. owen.. suéltame OwenO- noC- AYUDA!!!- grito y siento punzar en mi cuello

La puerta se abre y la cara de asombro de Arizona y mark es visible

M- Owen, suéltalaO- cállate imbécilA- o-owen... No hace falta que cometas una locura, suéltala- dijo mi rubia temblando.

Mi respiración es entrecortada y siento que ese objeto filoso ya corto un poco la zona haciendo que duela

O- cállate, callense! Ninguno de ustedes hablen, oh que triste esto cielo- dijo en mi oído- tus dos amantes te verán morirC- owen porfavorM- hablemos porfavor, déjalaA- owen...O- lo siento...- dió un beso en mi cabeza algo demorado- pero no puedes estar con alguien mas-

y sin mas siento un ardor recorriendo mi cuello en linea horizontal, quedo parada mirando a Arizona quien esta gritando algo que no me es audible y caigo al piso notando mi sangre caer de mi garganta

A- callie... Callie!

Abro mis ojos notando que estoy recostada contra la ventana, mi pecho sube y baja y estoy sudada

A- callie, tranquila.. fue una pesadilla- me abrazo y recapacito, fue un sueño.. una pesadillaC- si..- digo apenas audibleA- ya pasó- dio un beso en mi frente- ya me cambié y agarre un bolso con mi ropa, vamos por los niños?C- vamos

Sin mas comenzó nuevamente viaje está vez si a lo de Aria, en el camino pongo mi mano sobre su pierna

A- estás bien?

Asentí

A- que soñaste?C- owen me mataba

Ella quedó en silencio, momentos después agarro con una mano la mía y beso mis nudillos

A- nada te va a pasar mientras yo viva si?C- tengo mied o...A- lo se, pero ya pasó.. ya todo va a estar mejor si?C- gracias por estarA- no se agradece

Sin mas llegamos a casa de mi hermana donde los niños nos reciben con abrazos y sonrisas, hablamos un poco y luego vamos camino a casa nuevamente, los hago lavarse las manos y comienzo a preparar el almuerzo.

Dos semanas después

Pov Ari

A- cierto callie?.. callie... CALLIE!C-mmm? SiA- si a que?C- yo.. perdón que dijiste?Al- que podemos comer hamburguesas hoy a la noche!- dijo AllegraC- siA- crees? No es malo?C- una noche no hace nadaA- okey, hamburguesas hoy a la nocheM- yeiiii!- gritaron los mellis

Toco el muslo de callie debajo de la mesa y esta me mira

A- todo bien?C- si..

Seguimos comiendo.

Se que no está bien, hoy luego de dos semanas callie tiene que ir a declarar que lleven a Owen preso porque si... Increíblemente sobrevivió y esto la tiene aun mas perdida en sus pensamientos.

Cuando se hace la hora correspondiente vamos al auto los 5 y comienzo a manejar, bajamos y tocamos la puerta la cual se abre a los pocos segundos

Ap- hola!!!- dice April muy alegreAl- hola!!!Ap- pasen niños pasen

Estos se despiden de nosotras y entran corriendo

C- gracias April, enserioAp- tranquila, tengo sobrinos .. se como cuidar niños, y no es molestia .. tus niños son amor puro

A- bueno, ya nos vamos.. regresamos en dos horas aproximadamenteAp- ustedes tranquilas- nos sonrió amablemente y volvemos al coche donde manejo hacia la comisaría

A- estas nerviosa lo sé, pero es solo decirlo y listo- digo mientras entramos a la mismaC- si.. lo sé

Una vez llegamos frente a la puerta de la oficina nos detenemos y nos damos un beso

Quedamos mirandonos y callie me abraza fuerte

C- me quieres?A- yo te amo calliope- digo aun en sus brazosC- sobre todo?A- si, te amo sobre todoC- yo a tí- dijo en un suspiro y dio un beso en mi hombro para luego entrar.

Y allí quedo sola nuevamente esperando a que callie hable y luego podamos seguir con nuestras vidas de una vez por todas.. lo que tanto estoy esperando, hacer nuestros caminos juntas de una vez felices.

1 hora mas tarde

Allí sale mi morena con sus ojos húmedos

A- como fue?- pregunto acariciando sus brazosC- bien- dice con su voz temblorosaA- bien, vamos.. vamos al auto y luego por los niños, hoy tenemos una noche de películas.. maratón de las de Shrek- digo sonriente

Entramos al coche y lo enciendo, cuando estoy por presionar el acelerador callie habla

C- no irá a la cárcel

Por mi mente pasan sus palabras, mi cerebro las pone en orden, si escuchaste bien Arizona

A- que?C- yo.. yo, yo hice que lo llevaran a terapia obligatoria y tenga prisión domiciliariaA- que hiciste que Calliope?- no puedo esconder mi coraje en estos momentos

C- perdón, pero no puedo hacer que vaya a la cárcel- dijo soltando lágrimasA- despues de todo, de todo lo que te hizo, a los niños, a nosotras! Tu decides que no vaya a al cárcel? Tu estás en tus 5 sentidos?C- si AriA- pues parece que no!

Me recuesto en el asiento e inhalo profundo

C- Arizona...- dice con su voz ahogadaA- esto es increíble- digo indignadaC- hablemosA- no, quien tenia que hablar eras tú e hiciste todo al revés, mira.. no quiero alterarme más, limpia tus lágrimas debemos ir por los niños

Sin mas pongo mis manos en el volante y manejo a lo de April, por mi mente solo pasa lo que callie me dijo, como es esto posible? No va a ir a la cárcel? Ese lunático no se sana con terapia!

Bajo del auto con coraje cuando llegamos y callie se queda en el auto, toco la puerta y alli salen los 3 niños y April

A- ey pequeños como están?Al- bien!!! Y mami?A- en el auto, ahora vamos

Asintieron y mire a April, ella se acercó y susurró

Ap- que te ocurre? Te veo alteradaA- callie decidió que Owen no vaya a la cárcelAp- que?????

Asentí

A- luego te cuento, ahora debo irmeAp- okey- dijo algo preocupada

Llegamos al auto donde subimos y vamos hacia casa de callie donde al llegar entramos y los niños corren a darse un baño

Pov callie

Me duele muchísimo arizona esté enojada conmigo, pero la Entiendo completamente, me sorprende aun no me ha dejado sola.

Pero luego de meditarlo mucho, owen tiene un trauma.. de ahi es agresivo, con terapia sanará, es el padre de mis hijos.. no quiero que tengan recuerdos de visitarlo tras las rejas.

Los niños subieron para ducharse y me acerco a Ari quien esta en la cocina

C- Ari

Ella se da vuelta mirándome.. está muy enojada

C- se que estas enojadaA- bravo, descubriste américa- dice aplaudiendo

Cierro mis ojos y suspiro

C- no podía hacer que vaya a la cárcel, no quiero que los niños lo vean en prisiónA- eso tenías que haber hecho

- mamiiii- grita allegra desde arribaC- si cielo????!!!Al- vienes????C- ya voy!!!!

Sin mas miro a Arizona quien esta dada vuelta nuevamente, me acerco por su espalda y envuelvo mis brazos
por su cintura, trato de darle un beso en su mejilla pero
ella corre su cara haciendo que mis labios quedes en su
cabello. Doy un beso en su hombro y me alejo yendo
con mis hijos.

Al- mami, puedo elegir mi pijama?C- cual quieres cariño?- digo tratando de sonar bienAl- el de unicornios!C-
ese será, ahora ve al baño, yo voy con tus hermanos

Ella asiente y dejo su pijama elegido sobre la cama, voy
al cuarto de los mellis y alli los baño y visto.. una ves los
3 listos bajan las escaleras y veo Arizona sale del baño
de invitados ya bañada con su pelo algo húmedo

A- bien pequeños, listos para la Maratón de pelis?- dice
alegre- siiiii!!!- respondenA- ya pedí las hamburguesas,
llegaron hace poco asi que a la sala!

Los niños corrieron a los sofás y yo ayudo a ari con los
platos

Abro mi boca para decir algo pero me interrumpe

A- no te atrevas a hablarme- dice fríamente- no por
ahora...

Asiento y veo mis ojos aguarse, no callie.. los niños están aquí, me trago mis lágrimas y vamos hacia allí

A- bien, comenzamos!

Y asi pasaron horas donde se vieron todas las películas tal y como dijeron, pero mi mente solo esta en todo el tema anterior, por momentos los veía, sonrientes, Ari se acopla como una niña mas mientras comen de sus palomitas.Nose que ocurrirá ahora pero tengo miedo de perderla por mi desicion.

Una vez dejamos a los niños en sus camas dormidos ya que se duemieron en la sala vamos a la habitación y nos acostamosNinguna habla y mis nervios me matan

C- AriA- buenas noches calliope

Sin mas se acuesta dandome la espalda, hago lo mismo aunque se que está noche no pegaré un ojo

Pov Ari

En el baño que tomé hace horas lloré, lloré tanto hasta sentirme desahogada, es que aun no me cabe en la cabeza... Porque hizo eso? Osea.. me dijo que no quiere que los niños lo viera a través de unas rejas, pero es peor que el en .. cierta forma.. este suelto.

Las películas trato de pasarlas alegre y verlas con una sonrisa, doy gracias a ser pediatra y poder fingir, porque por dentro el coraje y la tristeza me consumen.

Una vez las horas pasan dejamos a los niños en sus cuartos y vamos a donde dormimos, callie quiso hablar conmigo pero la corto en seco.. no puedo hablar ahora.

Cierro mis ojos y por suerte! Puedo dormirme enseguida

Siento la puerta del cuarto ser abierta y el colchón ser hundido, me doy vuelta notando a callie despertar y Allegra poniéndose en el medio de ambas.

C- princesa que pasa? Porque lloras?

Me siento y prendo la veladora de mi mesa de luz notando a la pequeña llorando

Al- papá te pegaba de vuelta- dijo como pudoC- fue una pesadilla mi niña

Se aferró a la cintura de callie y ella dio un beso en su frente

Al - porque papi hizo eso?- dijo temblorosaC- porque... Papi esta enfermo, y va a necesitar tiempo para sanar si?

Callie me mira y yo doy vuelta mis ojos, si .. sanar...

Al- es cierto eso zona? Papi sanará- dice mirandome a los ojos y me acuesto quedando a su alturaA- volvamos a dormir princesa- acarició sus mejillas limpiando sus lágrimas y ella esta vez me abraza a mi hundiendo su rostro en mi pecho, hago cariñitos en su pelo por bastante tiempo hasta sentir que quedó dormidaC- la.. la llevaré

Asiento y ella la toma en brazos saliendo del cuarto para dejarla nuevamente en el de ella.

Minutos despues callie aparece y cuando se sienta en la cama me doy vuelta abrazándome a mi almohada

Ella nota mi acción y se termina de acostar, va hacia mi y me abraza dejando su rostro en mi hombro

C- se que esto no es entendible para ti, pero pienso en los niños, si hay posibilidad de que Owen mejore entonces la tomaré...

Yo sigo en silencio inmóvil, mi enojo está intacto

C- mis padres no estuvieron en la cárcel pero si se lo que es tener a uno de ellos distante y no verlo casi nunca-

su voz comienza a quebrarse- no quiero eso para ellos Ari...- dice ya llorando

Me doy vuelta y la miro

A- no.. no.. no llores- digo tomándola de las mejillas- no llores- y sin mas la uno en un beso el cual ella hace mas profundo yendo hacia mi, y asi nos fundimos en un beso demorado humedeciendo mis mejillas con sus lágrimas

C- por favor no sigas enojada- dice con su frente en la míaA- dame un poco de tiempo para asimilar esto si?

Ella asiente

C- te amo..A- te amo callie, nunca dejaré de hacerlo

Nos damos un último beso y nos disponemos a dormir luego de tan cansador dia...

Seguiré enojada? Claro que si.. pero no puedo ver a mi morena llorar, no despues de todo lo que tuvo que sufrir, no quiero ver sus dos ojos como luceros llorar... No más...

CAPÍTULO 6

P ov callie

Despierto con un gran dolor de cabeza, me siento en la cama y resfrego mis ojos

C- que hoy sea un buen dia- digo con mis palmas juntas mirando hacia el techo

Arizona no esta junto a mi pero siento risas que vienen de la sala, seguro esta con los niños.Me fijo la hora.. 9:30am, Si seguro esta con ellos.

Luego de ir al baño y vestirme salgo de la habitación y voy hacia la sala donde veo a los mellis dibujando.

C- hola mis amores como están?- les pregunto llegando a ellos- mami!- dicen alegres dandome un abrazoC- donde estan su hermana y zona?- digo agachada a la altura de ellosM- en la cocina- dice sin despegar la mirada de su obra de arte

Sonrío y me levanto caminando hacia el lugar que me indicaron encontrandome a Arizona dándole ordenes a Allegra quien estaba parada en un banquito batiendo en un bowl.

Las miro un momento con gran ternura hasta que veo todo el desorden que hay, dios mío

C- buenos días..Al- mami!!- dice dandose la vueltaC- hola princesa- digo acercándomeAl- zona me está enseñando a hacer hotcakes!

Le doy una mirada a Ari y su sonrisa ya habia desaparecido

C- que bueno mi reina, lo que si veo es que la limpieza no van con ustedes- ella ríe- que te parece si te das un baño mientras terminamos aquí?Al- peroC- estas repleta de harina- digo para verla bajar del banquito y retirarse de allí

Una vez solas me acerco a Ari

C- buenos días- digo yendo a darle un beso en los labios pero ella me pone la mejilla- seguirás enojada?

No obtengo respuesta, simplemente se da la vuelta y comienza a hacer los hotcakesSuspiro y comienzo a lavar lo sucio quitando toda la harina esparcida

C- cuando volverás al trabajo?- digo tratando de sacar temaA- cuando todo esto paseC- ya pasó AriA- estás segura que ya pasó?! El hombre que debería estar tras las rejas ahora esta yendo a una maldita terapia- dijo firme

Quedé mirandola sorprendida, pero entiendo siga enojada.

Y asi seguimos en ese silencio hasta que yo termine de lavar y ella de hacer el desayuno.

A- niños el desayuno!- dijo llegando a la mesa

Rápidamente los 3 corrieron a la mesa donde cada uno tomo su lugar

A- veamos que tal salieron nuestros hotcakes princesa- dijo dulcementeAl- quedaron riquísimos!!!!!C- definitivamente los mejores hotcakes que comí en mi vidaAl- cierto que si?- dijo alegre

Reímos pero arizona quedo seria sin responder mi comentario

El desayuno se basó en charlas que nos sacaban los niños a cada una por separado, aunque la tensión entre la rubia y yo se podía sentir en el aire.

Una vez terminamos lavo todo y vy a la sala donde Arizona esta con su celular sentada mientras los niños juegan, tomo asiento a su lado

C- no me hablarás?A- que quieres que te diga?- dijo llevando su vista a miC- no lo sé, pero no quiero tener que evitarnosA- debo ir a bañarme- se levantó y subió las escaleras dejándome sola.

A esta hora se va a bañar?

Quede junto a los niños tratando de distraerme y juego con ellos, aunque la gran discusión, Allegra y Mateo quieren jugar con muñecas y Matías quiere jugar a las carreras de autitos.

M- no es justo!Al- ve tu a jugar y yo quedo con Mateo!M- pero sino yo quedo solo!- dijo al borde del llantoAl- mamá dile algo!C- okey calma niños calma, Allegra y Mateo jueguen, Matías ven, jugaremos juntos... Nose si te dije alguna vez pero mami es muy buena en las carreras- dije en susurro haciéndolo reír.

Y asi pasó una media hora hasta que Allegra habla

Al- zona ven a jugar!A- oh no cariño, tengo que salir pero cuando vuelva si jugamos si?Al- okey!- dijo siguiendo en lo suyoC- esperame cariño- le avisé a Matías para luego ponerme de pie y dirigirme a ella quien estaba agarrando su bolso- te vas?A- si, tu precisas algo?- dijo algo mas calmada que la última vez

Negué con la cabeza

C- a que hora vuelves?A- no lo sé callieC- okey.. cuídateA- tu Igual, cualquier cosa llámame porfavor

Asentí y ella me dió una mínima sonrisa para salir de allí

Ni siquiera me dijo a dónde va, osea está bien que salga si es lo que quiere pero minimo me diga a donde va, osea somos novias, pero tampoco tengo que sonar tan tóxica, confío en ella.. aunque que me hubiera dicho a donde va no estaría de más...

Vuelvo a la sala y trato de dejar mi mente en blanco y dedicarme a mis hijos, despues de todo ellos son los que mas se merecen sentir que todo esta bien y ser felices luego de todo lo que tuvieron que pasar a tan corta edad.

Me encuentro en las escaleras de casa sentada tratando de calmarme, son las 7pm y no hay rastros de Arizona, le he marcado, dejado mensajes, mensajes de voz y nada, es como si hubiese desaparecido del planeta.

Mi manera de distraerme ahora es nula ya que los niños fueron a pasar la noche con su tía.

Agarro nuevamente mi móvil y entro al buzón para enviar un mensaje de voz

C- Arizona perdí la cuenta de cuantas veces he tratado de contactarte, necesito que me digas que estas bien

Lo envíe, como es posible que desaparezca asi como así, mi pierna se mueve rápidamente debido a mis nervios y entro de nuevo al buzón

C- menos mal que me dijiste que te llamara cualquier cosa no? Mira si pasa algo y tu no me contestas!- digo alterada para luego mandárselo

Quedo aun mas nerviosa y comienzo a pensar, y si se quedo sin batería? O si paso algo y yo reclamándole.No no, hay que arreglar esto.Trato de enviarle otro mensaje pero

"Ha llegado al límite de mensajes de voz"

C- no..no no no!- presiono una y otra vez y la misma voz se repite diciendo que no puedo enviar mas mensajes de voz- maldición!

Sin mas la puerta de entrada comienza a sonar y tiempo despues se abre dejándome ver a una Arizona totalmente despreocupada entrandoPero que mierda?????!

Pov Ari

Después de ese incómodo desayuno voy a la sala y agarro mi móvil por primera vez esta mañana y veo a April en línea

A- Hola AprilAp- Ari!!! Cómo están???A- bien, bueno... Algo asíAp- como asi? Que pasa?A- necesito hablarlo contigo en personaAp- sisi, ven a casa si quieres no hay ningun problema, trae a los niños si asi lo necesitasA- voy sola, callie pasará tiempo con ellos.. creo que le hará bienAp- okey, te espero, y Ari.. tranquila que todo va a estar bien si? Maneja con cuidadoA- gracias de verdad, en una hora estoy allí

Sin mas salí del chat y siento a callie sentarse a mi lado.Entro a mis redes sociales hasta que ella habla.

C- no me hablarás?A- que quieres que te diga?- dije llevando mi vista a ellaC- no lo sé, pero no quiero tener que evitarnosA- debo ir a bañarme- me limité a decirle para luego subir a la habitación.

Una vez llegué fui al baño y quite mi ropa para meterme bajo el agua, una vez el agua recorre mi cuerpo suelto un gran suspiro, tengo derecho a estar enojada! Ese hombre estuvo a punto de matarnos, le causo un aborto, la golpeó, trato mal a sus hijos y aun asi no lo puso en prisión! Eso es una total estupidez!

Me lleno de coraje (aun más) y termino mi baño para salir envuelta en mi toalla y vestirme.

Cuando estoy lista tomo un abrigo y bajo las escaleras encontrandome con una bella imágen.

Callie jugando con Matías a los autitos en el suelo haciendolo reír, quedo mirandolos tiernamente por unos minutos hasta que allegra habla

Al- zona ven a jugar!A- oh no cariño, tengo que salir pero cuando vuelva si jugamos si?Al- okey!- dijo siguiendo en lo suyoC- esperame cariño- la miré creyendo que me dijo eso a mi pero se lo había dicho a Mati, claro.. como te va a decir eso a ti Arizona? Aun los niños no saben nada- te vas?- dijo llegando a miA- si, tu precisas algo?- dije algo mas calmada que la última vez

Negó con la cabeza

C- a que hora vuelves?A- no lo sé callieC- okey.. cuídateA- tu Igual, cualquier cosa llámame porfavor- dije para luego darle una sonrisa e irme de allí.

Subí a mi auto y manejé hasta llegar a lo de April quien me atendió con una gran sonrisa.

En la sala

Ap- no entiendo como es que no lo dejó en prisiónA- esa es mi pregunta April, no entiendo, dice que es porque no quiere que los niños vean a su padre tras las rejas pero es peor que siga siendo una amenaza!Ap- si.. tranquila, entiendo, pero de todas maneras, creo que no debes seguir enojada con ella..A- es broma? Después de esa estúpida desicion no debo enfadarme???Ap- es que .. Ari.. callie vivió grandes traumas, su cabeza debe de estar hecha un lío quizas por eso tomó esa desicion, y creo que no está bueno sumarle uno mas contigo enojada

Quedé pensando unos minutos

A- si... Tienes razón, soy una idiota- dije poniendo mi rostro en mis manos mientras April acariciaba mi espalda- todo lo triste que pasó y yo que hago? Me enojo con ella!Ap- oye ya no te culpes, entiendo tu enojo.. yo estaría hecha una furia en tu lugar, pero en estos momentos callie esta vulnerable emocionalmente, hay que ser comprensiva con ella..A- si... Lo se... Debo ir con ella- dije tratando de levantarmeAp- ey no- me tomó del brazo- estas alterada, mira tus manos, estan temblando, te quedarás aqui unas horas y luego irásA- pero... Bueno.. esta bienAp- maratón de pelis?

Sonreímos y nos sentamos nuevamente

Ap- Ari.. son las 6:30 pm.. creo que sera mejor vuelvas con callie ahora síA- me estas echando?Ap- no tonta! Solo que ya pasaron varias horas y callie esta sola con los niñosA- jajajajaja traquila, si lo sé... Será mejor vaya

Me acompaño hasta la puerta y alli me despedí para emprender camino a casa de callie, una vez llego entro y la veo sentada en las escaleras con una mala expresión, mi sonrisa se desapareció

A- callie todo bien?C- donde rayos estabas!!!!???A- calliope que te ocurre?-

que está pasando aquí? Porque me habla asi?

C- te fuiste en la mañana y recién ahora te dignas a aparecerA- creo que debes calmarteC- no! No me pidas que me calme! Te mande miles de mensajes de texto, de voz, llamadas y ni uno solo me respondiste!A- lo siento, April me dijo que silenciara mi móvil para ver películasC- asi que estabas con April- dijo mas ¿Aliviada?A- si con ella.. con quien más?C- no te costaba nada decirme en donde estabas o escribirme un mensaje diciendo que demorarías- dijo en voz altaA- callie ya deja de gritarC- los niños están con mi hermana- dijo sin mas- no cambies el temaA- si, si cambio el tema porque no estamos llegando a ningun lugar con esta discusión, mira.. te pido perdón por no avisar pero no iba a ningun lugar que no fuera a April

C- esto es... Es...A- que callie?? Que es?- dije moviendo mis manos frente a ella

Sin mas me agarró de las mejillas y me llevó a ella besándome

beso el cual le seguí para luego separarnos.. nos miramos unos segundos mas y luego nos acercamos uniendo nuestros labios nuevamente en un beso lleno de deseo y pasión.

Caminamos por las escaleras hasta llegar al cuarto, una vez dentro comencé quitando su blusa y ella la mía, pasé mis besos a su cuello haciéndola jadear, llegamos a la cama donde la deje debajo de mi poniendome encima de ella con mis piernas a sus costados, me separé de sus besos y la miré notando rápidamente marcas en su cuerpo, moretones, golpes.

Ella rápidamente se dió cuenta y tapo su abdomen para luego bajarme de encima de ella.

A- cal...C- voy a preparar algo de cenar- dijo poniéndose su blusa

Sin mas salió de allí dejándome sola, quedé pensando y pensando, mi pobre callie, ahora entiendo porque se sintió tan incómoda aquel día en la bañera, y no me comentó nada de sus golpes.

Mi corazón se estremece al imaginar a ese idiota golpearla hasta dejarle semejantes marcas.

Varios minutos despues bajo y llego a la cocina donde la mesa esta puesta y callie esta sirviendo la cena

C- ya esta listoA- bien...

Ambas nos sentamos y comenzamos a comer, hasta que terminamos y quedamos ambas sentadas, la noto tensa... Se que está incómoda por lo de hace un rato

A- callieC- las marcas desaparecerán- dijo rápidamente- estoy pasando una crema que hara efecto en una semana segun la doctoraA- no es esa mi inquietudC- la mía siA- callie- tome su mano- a mi no me inquieta en lo absoluto si tienes marcas o no, no te hacen menos mujer cariñoC- pues yo siento que sí, es horrible ver tu hermoso cuerpo y lo que yo tenga para entregarte sea uno feoA- tu cuerpo no es feo! Tu cuerpo es hermosoC- yo.. yo debo ir a tomar un bañoA- callie...

Sin mas se fué, suspiré y me limité a lavar los platos, ella se siente insegura, piensa que no me gusta mas por sus marcas.. pero esta equivocada, ella me encanta de todas maneras, esa morena me vuelve loca desde el primer día, aunque por fuera dijera que la detectaba por querer llevarme la contra, en realidad se me hacía la mujer mas hermosa que jamás habia visto y aun lo mantengo.

Cuando terminé subí y entre, me puse el pijama y me acerqué a la cama donde callie ya estaba acostada.

A- me encantas callie- dije quedando a su lado- me vuelves tan loca como es posible- me puse sobre su pecho comenzando a hacer dibujos con mi dedo índice sobre su pecho- para mi siempre vas a ser la mujer mas hermosa que existeC- gracias Ari...- fue lo que me dijo para luego darme un beso en la frente.

Subí mi vista encontrandome con sus ojos tristes, planté un beso en su pecho y luego otro en sus labios.

A- quieres dormir?

Ella asintio

A- bien, descansa cariñoC- tu igual...

1 mes mas tarde...Pov callie

C- ya Arizona! Por dios pareces una sexopata!A- callie no soy sexopata pero entiéndeme, ya no tienes marcas, nada te detiene

C- que te entienda?! Un poco mas y no me obligas a tener sexoA- no! Sabes que jamas te obligaría a nadaC- entonces porque actúas así?!A- porque me seduces y luego me apartas, soy ser humano claro que querré algo si tu me provocas, y claro que me enojare si me dices que no luego de tus provocaciones!C- yo no te provoco!A- no??? Estas en ropa interior y te sientas sobre mi sin aviso alguno comenzando a besarme ferozmente, eso prende a cualquiera!C- eso no es provocacionA-calliope, creo que debes ir a terapia- dijo bajando el tono de su vozC- ahora me tomas de loca porque no quiero sexo?!A- no callie, no es por eso, es porque no es normal que seas tan bipolar, luego de todo lo que pasaste creo que te harán bien unas sesiones de terapia

C- mira que tu estes caliente todo el tiempo no es mi maldito problema pero no metas mi traumas en esto, si eres humana y tantas necesidades tienes pues búscate una mujer que te complazca!

A- asi que ahora me tomas como una cualquiera?C- no simplemente estoy diciendo que si eso es lo que tanto quieres pues ve! Acuéstate con 1 2 o hasta 6 si quieres!A-genial.. esto.. esto era lo unico que faltaba

Dijo yendo a la sala y agarrando sus llaves

C- si! Eso era lo único ahora puedes ir con quien quieras!- dije gritando detrás de ellaA- estaré en mi apartamento por si se te bajan los humos- dijo para luego cerrarme la puerta en la cara

C- AAAAAAA!!!- grité con gran frustración, pero que es lo que le pasa?! Mandarme a terapia porque no le doy sexo? Ella está loca!

Y así pase unas 2 horas hasta que decidí agarrar las llaves de mi coche y emprender camino a lo de Addison.

Una vez estacioné voy hacia la puerta pero esta se abre primero dejándome ver a Meredith.. Meredith webber

Mer- doctora TorresC- MeredithAd- callieC- Addi, se puede pasar?- digo con cara de confusiónM- yo ya me iba.. que pasen bien!- dijo para salir casi corriendo de allíAd- pasa pasa, todo en orden?C- eso te pregunto yo a tiAd- larga historia, pero primero cuéntame porque viniste asi?C- peleé con ArizonaAd- otra vez??? Callie ustedes son mas peleas que parejaC- lo se.. pero esta vez ella se pasó!- dije agarrando a su hijo quien tiene ya 6 meses- me dijo que debo ir a terapia porque soy bipolar simplemente porque no quiero sexo!Ad- espera.. wow wow wow.. es esa toda la versión?

Suspiré

C- hoy yo salí de bañarme y quede en ropa interior, la vi leyendo un libro y se me hizo muy sexy ver como mojaba su dedo con su lengua para pasar de página y su cara de concentración y..Ad- al punto al puntoC- bueno ta y me puse encima de ella besandola y sus manos pasaron por mi cuerpo y luego me separé y ahí llegó la discusiónAd- es broma cierto?

C- está loca si ves!Ad- pero callie! Hasta yo me hubiera enojado! La provocaste!C- tu también?! No la provoque solo que en un momento quise algo y luego se me fueron las ganas, simpleAd- hace cuanto viene esto de que quieres y no quieres?C- no lo sé, un mes quizáAd- callie, nadie te toma de loca si vas a terapia, es algo normal y creo que deberías ir para descubrir porque te pasa eso porque no es algo común

Quedé en silencio

Ad- tu piénsalo, yo tengo un número, es el de mi psiquiatraC- vas a terapia?Ad- iba.. para separarme de derek, ambos fuimos.. hace terapia tanto de pareja como individual, quizás y arizona también acepte y vayan juntasC- no lo se... Necesito un tiempo para pensarloAdsi Entiendo, pero dime.. ahora donde está ella?C- en su apartamento... Le dije que se acostara con alguien mas si era lo que quería...- dije apenadaAd- que hiciste que????? Ya mismo vas a arreglar eso!

C- no puedo, debo recoger a Alle de la escuela y a los mellis de la guarderíaAd- yo los recojo y pasan la tarde conmigo mientras ustedes resuelven eso okey?C- gracias!Ad- no hay de que pero veeeeC- me debes una explicación de lo de Meredith!- dije saliendo..

Una vez en mi coche comienzo a conducir hasta llegar al edificio..

Subo por el ascensor y mi cuerpo se estremece volviendo recuerdos oscuros a mi mente pero trato de quitarlos, estoy dispuesta a arreglar las cosas con mi rubia, no pasamos tantas cosas por nada.

Llego frente a la puerta y golpeo, una.. dos.. tres veces hasta que la misma se abre

C- Arizona- callie?C- Eliza???.....

CAPÍTULO 7

P ov Ari

Mientras manejo mi coche lágrimas caen, como es posible que me haya gritado que me vaya y acueste con otra mujer? Porque esta pasando esto? Porque me trató como una cualquiera?

Llego frente al edificio y estaciono para luego bajar y entrar llegando a mi apartamento, una vez entro cierro la puerta y me recuesto en ella sentandome en el piso, mis piernas van contra mi pecho y las lágrimas no paran, solo corren una tras otra sobre mis mejillas dejando seguramente mis ojos muy hinchados y rojizos.

¿ Porque está yendo todo tan mal?

Sabia que sería difícil pero callie lo hace el doble, yo entiendo perfectamente todos sus traumas y creo que la terapia sería lo mejor pero ella lo tomó a mal y ahora todo esta yendo de mal en peor.

No la quiero dejar, eso no es una opción, no puedo dejarla a ella ni a los niños, se que callie no esta bien y quizás por eso actúa asi.. pero lastima.. y me duele.

Seguí asi por una media hora hasta que mi puerta sonó haciendo levantarme

A- quien?- digo limpiando mis lágrimasE- soy yo Arizon-aA- Eliza?

Abro la puerta y allí esta ella

E- puedo pasar?

Asiento y me hago un lado dandole el pase

E- estabas llorando?A- no te preocupesE- no, Ari estabas llorando, que ocurre? Estás bien?

Nuevamente mis débiles ojos no retienen las lágrimas y el llanto regresa

E- es callie?A- siE- ven

Sin mas abrió sus brazos y yo corri a su abrazo como una niña pequeña, en estos momentos necesitaba a alguien y ella era quien estaba aquí.

E- ven siéntate

Fuimos aun abrazada a ella a un sofá y alli tomamos asiento.Ella quedó acariciando mi cabello mientras yo seguia aferrada a su cintura- tratando de calmar mi respiración

E- mejor?A- algo...E- que pasó Arizona?A- todo pasó, entre ella y yo solo hay peleas y entiendo que es por todo lo que paso pero Eliza enserio ya no aguanto sus malos tratos y su bipolaridadE- no estoy entendiendo del todo...A- callie hizo que Owen no fuera a la cárcelE- si, es noticia en todo el hospital

Suspiré

A- bueno, y eso me enfado pero luego decidí que lo mejor sería dejar mi enojo a un lado y estar para ella, pero este último mes ella cambio, no me deja ser cariñosa, apenas me habla, esto es raro de hablar contigo ElizaE- tranquila, yo soy.. ahora tu amiga en la que puedes confiarA- ella no deja que la toque para nada y no me urge.. pero ella empieza con provocacionesE-

provocaciones? Asi como insinuandose?A- si me estoy bañando ella entra y se mete a la ducha conmigo, da indicios de algo mas y luego para, se sube encima mio y cuando me caliento para.. siempre para! Y vamos! Cualquiera se enojaría si hacen eso.. entiendo si no quiere sexo, yo la esperaré, lo que me preocupa es su salud claro está, pero si empieza con provocaciones no es justo. Hoy tuvimos una pelea por eso y le dije que quizas ir a terapia no sería mala idea y ella reaccionó mal... Me terminó diciendo que me acueste con alguien másE- enserio?A- si...E- okey.. mira Ari, analizando el tema, callie en verdad necesita terapia, quizas tengan que hablar esto mas tranquilas, quizas como se lo dijiste en medio de una discusión si se lo tomó a mal, pero hazle entender que vivió varios traumas y que muchas personas van a terapia y no precisamente por estar lo-casA- es que... Me duele todo lo que dijo, me trato como una cualquiera...- tome aire- y me echó prácticamente, como volveré?E- ella te aceptará, mira.. si quieres darle su espacio quedate aquí, o en mi casa como quieras, mañana vuelves y hablas con ella.. esto se tiene que arreglar, por lo que veo.. esa callie no es la callie que conociste o que incluso yo conocíA- definitivamente no es ella... Porque venias en un principio?- pregunté curiosaE- porque las cosas la última vez terminaron bastante mal y quería poder ser.. amigas?

A- acabas de hacer de mi psicóloga- reímos- claro que podemos ser amigas

El toque de la puerta nos hace salir de nuestra risa

E- yo voyA- gracias

Sin mas se para y va a la puerta, una voz me hace darme vuelta

C- Eliza?

Noto a callie con cara de confusión parada en la puerta, me dirijo rápidamente antes de que esto salga mal

A- callieC- veo que enserio te urgía- dijo sería con sus ojos llorososA- callie esto es un malentendidoE- entre Ari y yo no estaba pasando nadaC- entonces que haces en la casa de ella?A- calliope entra y hablemosE- yo mejor me voy, y callie escuchala porfavorC- tu no me hables- le dijo de mala manera, eliza solo me miro y me hizo una seña de "todo va a estar bien" y se retiró

Cerré la puerta y la miré

Pov callie

A- callie no es lo que pareceC- te dije que te fueras a acostar con otra y buscas a tu ex, es enserio Arizona?

A- dejame hablar por favor- dijo con sus ojos llorosos

Caminé con mis brazos cruzados y llegué a uno de los sofás donde tomé asiento y la mire

A- gracias.. Eliza llegó y me vió llorando, y solo me consolóC- como?A- callie por Dios! Me dio palabras de aliento, me dio su apoyo, actuó como una amiga

Miro al frente tratando de creerle

C- y a que vino?A- me dijo que queria arreglar las cosas y quedar como amigas, justamente actuó como una verdadera al estar para mí hace un ratoC- okeyA- okey?C- no quiero seguir peleando Arizona

A- pero quiero que me creas, te parece que estando asi- señalé mi rostro- tendría sexo?C- te creo Arizona te creoA- callie... Que no esta pasando?- dijo con la voz entrecortada

Quede mirando al frente y lágrimas comienzan a salir involuntariamente

C- no lo sé... Pero tengo tanto miedo de perderte- confieso para largarme en llanto

Ella se acerca y se sienta sobre mi abrazandome, mis brazos rodean su cintura y ambas lloramos, lloramos y lloramos por un largo tiempo desahogandonos hasta que cada una calmó su respiración

A- jamás me perderás callie, incluso aunque tu pidieras que te dejara no lo haría

Ambas reímos y Luego ella levanta mi mentón encarando sus ojos con los míos

A- tu eres lo mas importante que tengo Calliope, tu y los niños.. jamás podrías perdermeC- y tu eres la mujer que mas amo y amaré en mi vida- digo en un hilo de voz, tomo aire y sigo- perdoname, por lo odiosa que he sido este último tiempo, y por lo de esta mañana... No fue mi intención llamarte una cualquiera ni nada de todo lo que te dijeA- callieC- dejame hablar porfavor... No quiero que te acuestes con nadie mas, si lo hubieras hecho me hubiera muerto de celos y mi miedo a perderte hubiera aumentado- digo escondiendo mi rostro en su cuelloA- sabes que eso no iba a pasar, jamás se me pasó por la cabeza buscar a alguien mas.. yo te esperaré hasta que estés lista, siempre y cuando no provoques

Reimos bajito

A- y sea todo mas llevadero, que podamos hablar sin discutirC- lo intentaré, créeme que lo haré.. pero creo que si necesito ayuda

Ella me miró

C- quiero ir a terapiaA- te acompañaré a cada sesión, y verás que te ayudará muchoC- quiero ir a terapia de parejaA- que?C- se que quizas sea raro pero quiero que ambas vayamos, se que la que mas tratamiento necesite sea yo pero también te ayudará a saber como reaccionar o que hacer ante estos ataques locos que tengo y... No separarnos, Ari.. hace muy poco que por fin te tengo.. no quiero perderteA- te dije que no me perderás, pero.. esta bien, si quieres ir a terapia de pareja iremosC- gracias- dije sonriendole y apoyando mi frente en la suyaA- todo por tu bien y el nuestro

Quedamos así unos minutos hasta que ella habló

A- los niños?C- oh.. tenemos que ir por ellos, estan con AddiA- entonces vamos antes de que sea muy tarde

Sin mas nos levantamos y fuimos en busca de los niños, llegamos y saludamos a Addi, le dije en un susurro de que iríamos a terapia y ella me dió una sonrisa.

Subimos al auto y Ari manejó mientras los niños hablaban de su idea en el cole y con Addi.

Una vez llegamos los niños tomaron un baño y quedaron en la sala.

Arizona y yo preparamos algo rápido de cenar y luego de eso quedamos viendo una película, la cual no duro ni media hora y los 3 estaban en un sueño profundo.

Los llevamos a sus habitaciones y luego fuimos a la nuestra.

C- creo que necesito un baño yo ahora- dije moviendo mi cabeza de un lado a otroA- necesitas un masaje?- dijo abriendo las mantas de la camaC- seguramente si, tu no?A- ambas- dijo para reír- yo.. callie...

La note insegura

C- dime AriA- puedo acompañarte? No haré nada.. solo bañarnos

Reí y la tomé de la mano llevándola al baño

Pov Ari

Llegamos al baño y comencé a quitar mi ropa mientras ella hacia lo mismo, la quede mirando unos segundos totalmente desnuda

C- que?- dijo sonrojandoseA- sos hermosa calliopeC- tu aun más

Sin mas entramos bajo el agua, el vapor inundó el baño

tomé el gel corporal para ponerlo en mis manos

A- date la vuelta cariño

Ella hizo caso y mis manos pasaron por su espalda esparciendo el gel por toda la zona y luego comenzar a masajear, obtuve un gratificante sonido de placer debido a mi presión en sus hombros y cuello.

Asi estuvimos un rato mas hasta que termine de enjabonarla y luego ella hizo lo mismo conmigo dejando mis musculos totalmente relajados.

Nos enjuagamos y luego quedamos bajo el agua, yo de espaldas a callie y ella abrazandome por la cintura, cerré mis ojos y por primera vez en mucho tiempo me sentí en paz.De pronto siento unos besos en mi cuello

A- mmmC- esto lo tomas como una provocación?A- no- digo con mis ojos aun cerrados- me relaja, sigue

Noto una sonrisa en mi cuello y sigue con besos delicados por mi cuello y hombro derecho, luego corre mi cabello hacia el otro lado y repite el proceso terminando con un beso en mi hombro izquierdo.

C- es hora de salirA- si

Sin mas salimos envueltas en nuestras toallas y cepillamos nuestras dientes, salimos y nos vestimos quedando en pijamas, nos metemos en la cama y me acurruco en el pecho de callie

A- estas segura que es buena idea ir a terapia de pareja?C- te noto inseguraA- es que.. la mayoría de las veces las parejas terminan separadas, literal siento que en vez de arreglar la relación la termina jodiendo

C- eso no va a pasar.. estaremos frente a una profesional que nos ayudará si?A- eso espero..C- ey- levanta mi mentón- todo mejorará si?

Me dió un beso en mis labios y luego apago la luz de la veladora, yo me doy vuelta y nuevamente luego de tanto tiempo siento sus brazos abrazarme para dormir a los pocos minutos siento un pequeño ronquido notando que esta dormida, sonrío ya que me da ternura pero nuevamente este pensamiento vuelve a mi cabeza

¿Sera la terapia para ambas la mejor opción? Confío en que sí...

Milton Keynes UK
Ingram Content Group UK Ltd.
UKHW020904201123
432908UK00020B/3130

9 798868 982699